Michaël Hirsch

Lettre ou ne pas Lettre

Textes de Michaël Hirsch,
Ivan Calbérac, Elsa de Saignes

PLON
www.plon.fr

© Éditions Plon, un département d'Édi8, 2017
12, avenue d'Italie
75013 Paris
Tél. : 01 44 16 09 00
Fax : 01 44 16 09 01
www.plon.fr

Mise en pages : IGS-CP (L'Isle-d'Espagnac)

Dépôt légal : octobre 2017

ISBN : 978-2-259-25321-5

« Le destinataire d'une lettre a toujours un énorme avantage sur l'expéditeur. Il peut la lire et la détruire en moins de temps qu'il n'en faut pour l'écrire. »

Groucho Marx

Aux lecteurs[1]

Chère lectrice, cher lecteur,
Cher… et tendre,
Cher… cle proche,

Oui, chère lectrice, cher lecteur,

Si je vous écris aujourd'hui, cher lecteur, c'est parce que nous allons peut-être faire un petit bout de route ensemble.

Vous qui démarrez ce livre avec tant d'entrain, sachez que vous êtes sur la bonne voie pour ne pas louper ma correspondance. Et puisqu'on est tous au quai, enfin tous d'accord quoi, et avant que je ne m'égare… Bref, je vous propose de commencer.

---

1. Afin de vous souhaiter la bienvenue en chair et en os, et si vous désirez découvrir les vidéos et beaucoup d'autres surprises liées au livre, rendez-vous sur : www.michael-hirsch.fr/lettre

À vous tous, chers lecteurs, les lecteurs de droite comme les lecteurs de gauche, les lecteurs de livres comme les lecteurs de DVD, à vous qui préférez lire frais, ou lire marin, ou même lire climatisé, je vous souhaite la bienvenue.

Bien sûr, en voyant la liste de tous ceux dont j'encombre la boîte aux lettres, vous vous demandez certainement : « De quoi je me mail ? »

N'étais-je pas pourtant bien obligé, ne seraitce que par la courtoisie la plus élémentaire, de répondre à tous ces hommes et toutes ces femmes qui ne s'étaient jamais donné la peine de m'écrire !

Ce faisant, j'ai pris ma plume…

Mes destinataires sont le plus souvent des acolytes non anonymes, des gens qui ont cessé d'être inconnus à cette adresse. J'ai choisi d'écrire à des personnes, mais aussi à des objets, des bouquets de choses à qui je voulais envoyer des fleurs… Et quelques épines.

Vous trouverez donc, dans ce livre, des lettres en forme d'hommages collatéraux, ou de missives téléguidées, des billets doux et des plis acides.

Aux lecteurs

Quand le monde semble sourd ou trop dur de la feuille, au lieu de naviguer à vue, on peut préférer jeter l'encre, surtout là où on a papier.

Car au fond de moi je suis certain qu'on peut poursuivre un but, tout en restant sans cible... Tout vient à point pour qui sait être tendre.

Ces *Lettres ou ne pas Lettres*, nous les avons pensées avec mes coauteurs, comme des armes de distraction missive, et même parfois d'écrits du cœur, en espérant que ce qui suit vous touche et vous donne le sourire au livre,

Tendrement,
Michaël

Woody Allen

Cher Woody Allen
Cher… ébral,
Cher… concision,

Oui, cher Woody Allen,

Je profite de votre passage en France, cher Woody Allen, pour vous écrire ce petit mot. Je mentirais si je vous disais que vous n'avez pas eu d'influence sur moi. En fait, depuis tout petit, je suis atteint d'un syndrome très grave, pas une woodyte n'importe quoi, non, une woodyte aiguë : en effet, je rêve d'être vous.

On ne peut pas dire que je sois votre sosie, la ressemblance physique n'est pas sosissante. Mais quand j'avais cinq ans, j'ai vu *Annie Hall* pour la première fois, et je me suis tout de suite écrié : « Papa, maman, plus tard je veux être Woody Allen, je veux être névrosé, faire rire intelligemment, et me taper les plus belles femmes du monde. »

Mes parents se sont inquiétés et le lendemain, ils m'ont emmené voir un psy. Je me suis dit que j'étais déjà sur la bonne voie pour devenir Woody Allen.

Et j'ai vu toutes sortes de psys : des psys... lencieux, des psys... sauteuses, des psys maman psys, maman psys tu voyais ma vie... Mais personne ne me prenait au sérieux. Alors je me suis mis à ressasser : « Et puis les psys c'est des incompétents, et puis les psys ils me comprendront jamais... et puis les psys... », j'en tremblais de partout, je faisais une crise d'*Et puis les psys*... !

Alors j'ai décidé qu'en attendant la mort je devais me soigner par moi-même, en m'analysant de l'intérieur, bref, j'ai fait une autopsie.

J'ai eu beau essayer plein de traitements, le meilleur que j'aie trouvé c'est encore de regarder vos films.

Parce qu'un film de Woody Allen, ça fait du bien à l'âme, c'est du cinéma docteur. Dès qu'il m'arrive de replonger, je reprends un petit générique... Et si ça ne passe pas, je me tape toute la boîte... de DVD.

Je me suis peu à peu rendu compte que dans votre filmographie, on peut trouver un remède à chaque névrose.

Quand on a peur de l'armée, moi par exemple je ne supporte pas le kaki, ça me donne des crises de kakicardie, je regarde *Guerre et Amour*, et tout va mieux.

Quand on craint de finir prostitué, car personne n'est à l'abri d'une crise de tapindicite, il suffit de regarder *Maudite Aphrodite*.

Quand on veut éviter de finir alcoolique, il faut revoir *Two Rhums with Love*.

Si on est en mal d'amour, rien de tel que *Tout le monde dit I Love You*.

Et enfin, si on rêve de le faire à plusieurs... il faut se jeter sur *Vicky Cristina Barcelona* !

Et chaque fois ça marche, vos films sont des médicaments pour lesquels il n'y aura jamais prescription. Et d'ailleurs, faire autant de films, manifestement, ça conserve : ça doit être ça, un travail de longue Allen.

Bref, ça fait un bien fou de rire intelligemment de cette vie qui n'a pas vraiment de sens, mais qui vaut quand même le coup d'être vécue. Alors merci, cher Woody Allen, pour tous ces films merveilleux que vous nous offrez, merci, et soyez béni : « ♪♪ *Allenlujah… Allenlujah…* ♪♪ » !

Tendrement,
Michaël

Simone Veil[1]

Chère Simone Veil,
Chère... viteur des grandes causes,
Chère... ment sur l'honneur,

Oui, chère Simone Veil,

Si je vous écris aujourd'hui, chère Simone, c'est parce qu'en cette veille du 8 mars je voulais vous dire combien je vous admire.

Et, dans ce brouhaha permanent où tout le monde parle, où très peu s'écoutent, et où tout est fait pour qu'on ne s'entende même plus, ça fait du bien de se souvenir d'une voix qui nous élève.

Je devine que vous n'avez jamais trop apprécié que l'on vous traite d'icône, mais osons le

1. Lettre écrite à l'occasion de la Journée internationale des droits des femmes.

dire, pendant longtemps, c'est vous qui avez porté le flambeau et qui avez fait progresser, au nom des femmes, le statut de la liberté.

Il y a un peu plus de quarante ans, les Françaises devaient encore partir à l'étranger ou risquer leur vie pour se faire avorter. Devant cette situation intolérable, vous décidez de mener un grand combat en joignant le juste à la parole.

En tant que ministre de la Santé, vous allez devoir affronter les soufflantes d'hommes rétrogrades, et contre vents et maris tenir tête aux intégristes de tous bords qui brandissent l'arme fœtale parce que la pilule est trop dure à avaler.

Eh oui, déjà à l'époque, certains, pour imposer leur vision de la famille, étaient capables des pires infamies.

Mais il y avait de la malice au pays de la Mère Veil, et beaucoup de courage.

Et il en fallait du courage en 1975, au cœur de l'Assemblée nationale, dans ce théâtre de maris honnêtes, ou tout du moins qui se vantaient de l'être, où vous êtes restée digne et admirable, assumant de donner la réplique à certains guignols, à d'autres tartufes et quelques misanthropes que vous avez fini par mettre en pièces... Et grâce à ces actes héroïques dont vous êtes l'auteure, depuis, les femmes s'inventent.

Alors, puisque c'est la Journée internationale des droits des femmes et qu'aujourd'hui encore, trop souvent, le masculin l'emporte sur le féminin, que ce soit dans les accords verbaux ou dans les désaccords conjugaux, inspirons-nous de votre histoire : celle d'une femme de devoir qui s'est battue pour les droits de l'homme sans jamais tomber dans le mélange des genres.

Et je vous avoue que moi, en tant qu'homme, j'aimerais être une femme comme vous.

Et, qui sait, grâce aux miracles que vous avez accomplis, vous serez peut-être même un jour canonisée... Je ne veux pas remuer le catho dans la plaie mais, du coup, vous risqueriez de finir en sainte... enfin, uniquement si vous le désirez, car l'important quand on est une femme, c'est d'avoir le choix.

Tendrement,
Michaël

Steve Jobs

Cher Steve Jobs,
Cher... vice après vente,
Cher... vitude volontaire,

Oui, cher Steve Jobs,

Si je vous écris aujourd'hui, cher Steve, c'est parce que brusquement, tout comme vous, mon iPhone s'est éteint.

Imaginez mon désespoir, j'avais tout dans ce téléphone, ma mémoire, mon sens de l'orientation, et même mes points Candy Crush !

Alors en perdant ce produit d'Apple, je me suis senti complètement pommé.

Rendez-vous compte, c'était même grâce à mon iPhone que je rencontrais des femmes sur

Internet… Et la drague 2.0, c'est formidable parce que, grâce au wifi, tout le monde s'enfile !

J'ai tout fait pour le ressusciter mais rien n'y a fait. Alors en dernier ressort je me tourne vers vous. Steve, considérez cette lettre comme un Apple au secours.

Car je suis un fidèle parmi les fidèles. Preuve en est : j'ai un Aïe-Mac, un Aïe-Pod, un Aïe-Phone, et même une Aïe-Watch. Décidément, chaque fois, ça fait très mal au porte-monnaie. Avoir le monde au bout des doigts, c'est le pied, mais ça coûte un bras !

Et j'ai toujours soutenu votre cause. Quand, il y a quinze ans, petit à petit, vous initiiez cette tyrannie numérique, j'étais en faveur de la geektature… Nous bénissions alors la technologie : les gens se convertissaient à vos produits, et tous, au moins cinq fois par jour, nous allions prier en nous tournant vers le mac. Je me réjouissais d'en être, nous achetions Apple et vous faisiez l'appli et le beau temps.

Ma sympathie à votre égard, ainsi que ma dévotion n'ont jamais faibli. Et j'ai même récemment fermé les yeux sur ce rapport d'Amnesty

International affirmant que vous vous fournissiez en cobalt en faisant travailler des enfants dans des mines… Tout ça pour vous en mettre plein les pioches.

Alors comprenez que lorsque mon iPhone s'est éteint sans prévenir, j'ai vécu ça comme une trahison ! Je vous implore donc un geste divin afin de résoudre cette cruelle injustice.

Si jamais vous accomplissez ce miracle, je m'engage à me rendre dans toutes les écoles du monde afin de prêcher la bonne parole en disant aux enfants : « Passe ton mac d'abord. » Puis de leur enseigner cette chanson qui semble avoir été écrite pour vous :

« ♪♪ *Adieu, monsieur le processeur,*
On ne vous oubliera jamais… ♪♪ »

Tendrement,
Michaël

Le Tatouage

Cher Tatouage,

Cher… igraphie,

Cher… pent à l'intérieur d'une tête de mort entouré par un cœur mangé par un dragon,

Oui, cher Tatouage,

Si je t'écris aujourd'hui, cher Tatouage, c'est parce que chaque fois qu'on t'évoque tu fais couler beaucoup d'encre :

Mais pourquoi se tatoue-t-on ?

Qui se tatoue quoi ?

Et est-ce que tatoo compris ?

Bref question tatoo, on a tout un tas de questions…

Liliane Bête-tout-court :

Le tatouage, c'est pour les bandits, les marins, les cagoles, les rappeurs, les bobos, les footballeurs, les gothiques… et les fans de Johnny Hallyday !

Ça fait bien du monde, non ? Et cette manière de mettre les gens dans des cases : des petites cases, des moyennes cases, des grandes cases… c'est un peu case-couilles.

Aujourd'hui encore, hélas, il arrive d'entendre qu'un tatouage peut être un obstacle de plus dans un entretien d'embûches et qu'il vaut mieux savoir s'effacer un peu pour faire bonne impression ! C'est quand même fou qu'à cause d'un simple dessin, on juge les gens sur la mine.

Alors non, se faire tatouer ne signifie pas forcément qu'on a cédé à un effet de mode, ou qu'on fait partie d'un clan secret, ou pire qu'on a succombé à l'hipstérie collective.

Liliane Bête-tout-court :
Enfin c'est les animaux qu'on tatoue ! Les chats, les chiens… et surtout les chiennes… Ou pire les moutons, et les bœufs !

Car le tatouage c'est peut-être un bétail pour vous mais pour d'autres ça veut dire beaucoup.

Et ça peut signifier mille choses.

On peut se faire un tatouage pour se trouver plus belle, ou se montrer rebelle, pour garder de vieux souvenirs gravés, ou des instants tannés.

Ça peut représenter un motif qu'on trouve beau ou l'écrit du cœur.

Et puis, on peut aussi pratiquer la peinture sur soi, parce qu'à l'heure où tout change si vite on a simplement envie de laisser une trace.

Liliane Bête-tout-court :
Oui bah justement, moi plus jeune je me suis fait graver « No Future » sur le cul... j'ai beau frotter, ça part pas cette merde !!

Évidemment un tatouage c'est une expérience marquante, et c'est pas une décision à prendre à court derme.

Mais aujourd'hui, il y en a pour tous les goûts. Et il y a même chez les tatoueurs de vrais talents aiguilles, des artistes qui ont leur propre langage des signes, et qui sont capables de créer des idéogrammes de finesse dans ce monde de brutes.

Alors est-ce que tatoo faux ou est-ce que tatoo bon ?...

… En attendant, laissons les gens faire ce qu'ils veulent de leur peau, parce que c'est aussi ça la dermocratie.

Tendrement,
Michaël

Dame Nature[1]

Chère Dame Nature,
Cher… anium,
Cher… cle polaire,

Oui, chère Dame Nature,

Si je vous écris aujourd'hui, chère Dame Nature, c'est parce que je ne vous ai pas vue au sommet sur le Climat…

Pourtant, je vous ai attendue devant la COP21 avec mon bouquet de fleurs à la main. J'ai vu défiler des chefs d'État. Et surtout des tas de chefs se défiler.

Ils étaient tous sur leur 21, prêts à jouer à *Good Cop, Bad Cop*. Plutôt là pour faire parler d'eux

1. Lettre écrite en décembre 2016 au moment du sommet sur le Climat de Paris / COP21.

que pour parler de vous. Les deux premiers jours, il y a eu beaucoup de conférences, et encore plus de cons féroces, de ceux qui tirent les ficelles, et veulent pendre une nature morte… Mais j'espérais quand même vous voir !

Du coup, pour me rassurer, voyant mes fleurs faner, je me disais que vous étiez overbouquet. Et malheureusement, vous n'êtes jamais apparue…

Alors, Dame Nature, si je vous écris cette lettre, c'est pour nous donner une dernière chance.

Ça ne peut plus durer cette relation faite de flots sanglants et de faux-semblants. Je sais qu'entre nous ça n'a jamais été aussi compliqué, mais sachez que j'ai terriblement peur de vous perdre.

On ne se regarde plus, on ne s'écoute plus, bientôt on ne pourra plus se sentir… on est au bord de la panne des sens.

Alors, je voulais vous proposer au lieu d'un sommet sur l'environnement, un sommet sur l'envie… Tout court. L'envie d'écrire une nouvelle plage à deux, et de se dire qu'en sable tout devient possible. Qu'on s'effleure, qu'on s'aime comme avant, qu'on puisse dîner en tête à tête, à la belle à étoile en se disant passe-moi le ciel.

Bien sûr vous m'en voulez encore parce que je vous ai trompée avec ce cher… Nobil. Et moi j'ai toujours en travers de la gorge votre aventure qui n'en finit pas avec cette chère… culation alternée. Mais dans un couple quand on se bouffe son oxygène, CO_2 de faire des efforts… Vous ne croyez pas ?

Et puis je suis prêt à faire des concessions, à réduire les gaz à effet de serre, à requalifier l'air conditionné au rang de clim contre l'humanité.

Je suis même prêt à ce que Nicolas Hulot devienne médiateur de notre couple… *Hulot nan mais Hulot quoi !*

Mais j'aimerais que vous aussi, vous fassiez des efforts. Que, par exemple, vous ayez une météo franche. Qu'on retrouve un peu de logique dans les saisons : c'est quand la saison des amours ?

Alors bien entendu, je ne m'attends pas à retrouver une nature vierge, mais juste un peu plus pure. De toute façon, les femmes pollues, j'aime pas.

Et je pense que pour se rapprocher, on devrait aussi s'appeler par nos prénoms : moi c'est Michaël. Et vous ?

Vous avez bien un prénom, Dame Nature ?

Constance ? Ce n'est pas vraiment dans votre tempérament…

Et Flore ? C'est joli mais un peu réducteur… Il nous manquerait la faune, ce qui nous laisserait sans voix.

Ainsi, je t'appellerai Carla, Carla nature est belle !

Et puis on devrait se tutoyer aussi, hein ? On se dit tu mais on ne se tue pas.

Tendrement,
Michaël

Le Beaujolais nouveau

Cher Beaujolais nouveau,
Cher… oboam,
Cher… culé y a rien à boire,

Oui, cher Beaujolais nouveau,

Si je t'écris aujourd'hui cher Beaujolais nouveau, c'est parce qu'il y a quelque chose que je ne comprends pas. Chaque année, le troisième jeudi de novembre, on parle de toi comme d'une star, on te célèbre comme la chandeleur… Après le mardi gras, on a donc inventé le jeudi beurré.

Et le lendemain, tout le monde est unanime :
— Alors il est comment cette année ?
— Comme l'année dernière… pas bon !

Oui, car le beaujolais nouveau, aussitôt goûté, aussitôt dégoûté. Ça doit être ça, avoir le vin mauvais. Alors comment cette boisson aussi décriée peut-elle continuer à être aussi désirée ?

> ***Mariesoûle Touraine :***
> *En tant que médecin, et ministre de la Santé (levant son verre), Santé !*
> *J'ai décidé de proposer un texte de loi, pour faire entrer le beaujolais nouveau dans la liste officielle des antidouleurs, au même titre que les nalan… gésiques… gésiques ? J'hésite !*
> *Et plus on a une bonne descente et plus on a besoin d'un remontant !*

C'était donc ça la réponse à toutes mes questions, en fait, cher Beaujolais nouveau, tu es une sorte de médicament pour oublier notre simple condition de mortel : tant qu'il y a de la vigne, il y a de l'espoir.

> ***Mariesoûle Touraine :***
> *Alors en cas de rupture amoureuse, la posologie c'est une bouteille entière tous les soirs. Si les symptômes persistent, n'hésitez pas à doubler les doses.*

Oui, voilà, rien de tel que de boire dix verres de dix beaujolais différents pour faire dix versions.

> ***Mariesoûle Touraine :***
> *Et si vous rencontrez des effets secondaires, de type vertiges ou vomissements, n'arrêtez surtout pas le traitement ! Soyez totalement serein, il faut raisin garder.*

Car finalement ça rassure tout le monde que, le temps d'une soirée, le peuple soit un peu tranquille, et qu'il reste bien pinard…

> ***Mariesoûle Touraine :***
> *Comme on dit au gouvernement, quand le budget est dans le rouge sortez les tire-bouchons. Parce que quand les Français vident les bouteilles, nous on remplit les caisses !*

Alors, cher Beaujolais nouveau, dans ce pays où l'on voit toujours son verre à moitié vide, je lève le mien qui est à moitié plein pour boire à ta santé.

Car quand tout me semble gris, et que j'ai envie de remettre un peu de couleur dans ma vie, je n'ai jamais rien contre un petit coup de rouge…

Tendrement,
Michaël

Donald Trump 1[1]

Cher Donald Trump,
Cher… pantin,
Cher… latant,

Oui, cher Donald Trump !

Si je t'écris aujourd'hui, mon cher Donald, c'est afin que tu mettes un terme à cette vaste blague avant qu'il ne soit trop tard !

Bien sûr, rien ne m'étonne venant d'un homme comme toi, mi-sogyne, my-thomane, mais enfin est-ce parce qu'on s'appelle Donald qu'on est obligé de se comporter éternellement comme le dernier des canards ?

1. Lettre écrite pendant la campagne présidentielle américaine de 2016.

Pourtant, ce n'est pas faute de tout faire pour qu'on te considère comme un vrai cinglé, mais qu'importe les horreurs que tu prononces chaque jour, les journalistes font comme s'ils les avaient oubliées dès le lendemain : ça doit être ça vivre en Amnésique du Nord.

Alors je le reconnais, cette campagne que tu mènes est pleine d'enseignements.

D'abord, grâce à toi j'ai appris que les journalistes américains sont comme les banquiers, il suffit d'avoir beaucoup d'argent pour qu'ils t'accordent du crédit.

Ensuite, cette élection confirme que c'est encore dans les vieilles peaux qu'on fait les meilleurs soaps[1]. Et pour faire un bon soap, il faut de la peur et un ennemi commun, en l'occurrence les étrangers ! Tu décris le monde comme un immense océan sombre et menaçant, et tu n'as plus qu'à te faire passer pour le Grand Ricain blanc ! Celui qui va immédiatement redorer l'image de l'Amérique. Mais en politique comme ailleurs, il faut toujours se méfier de la restauration rapide… Donald est à la politique ce que McDonald's est à la cuisine : tes idées sont comme leurs burgers, il faut que tout le

1. Feuilleton TV américain.

monde les gobe, et peu importe que ça file la gerbe !

Et puis, enfin, en affirmant tout haut ce qu'habituellement les fous taisent, tu as surtout prouvé qu'il y avait plus efficace que le populisme… Le simplisme !

Les gens n'attendent parfois que de croire en quelque chose qui les dépasse, et toi l'homme d'affaires, ce que tu leur vends, c'est le fabuleux destin de l'Amé… ricain. Car les raccourcis rassurent, et l'abêtissement des foules.

Et c'est ainsi que tu as brillamment rassemblé autour de toi un paquet d'idiolâtres.

Évidemment, tu possèdes ce que tous les hommes politiques modernes rêvent d'avoir : un excès de confiance en toi, un sens presque inné du mensonge, et cette vulgarité si particulière, celle que les milliardaires exhibent, tel un vieux naturiste sur la plage qui vous met ses attributs sous le nez avec un sourire satisfait… Mais enfin, sois charitable, laisse donc la politique aux gens dont c'est la seule source de revenus !

Alors, mon cher Donald, je te le demande en ami, retire-toi, et continue de préférer l'investissement à l'investiture car sinon tu risques de basculer du côté obscur de la farce.

Tendrement,
Michaël

PS : Chers Américains, en élisant un type qui s'appelle Donald vous risquez fort de vous faire Mickey. Alors avant qu'il ne soit trop tard, pensez à la ligature des Trump…

50 Nuances de Grey

Cher *50 Nuances de Grey*,
Cher… moi fort,
Cher… vitude volontaire,

Oui, cher *50 Nuances de Grey*,

Si je t'écris aujourd'hui, cher *50 Nuances de Grey*, c'est parce que pour ton retour au cinéma tu vas très certainement connaître à nouveau un grand succès. Et comme succès n'est pas tromper, cela devrait réjouir tes fans les plus fidèles.

Mais comment se fait-il que chacune de tes sorties fasse tant d'entrées ?

Bien sûr face à Christian Grey et Anastasia Steele, deux êtres que tout oppose, mais qui sont unis par un lien fort, et parfois un peu trop serré, on est touché, et pour la princesse qui sommeille en chacune ça sonne comme un véritable conte de fesses.

> ***Natacha A Mal (en tenue SM, une cravache à la main) :***
> *Tu as lu le livre et tu as vu le film, mais tu en veux encore plus ? Découvre la nouvelle application mobile 50 Nuances de Grey… pour ceux qui veulent souffrir du bon temps ! Je te promets qu'à chacun de tes clics tu prendras une grosse claque !*

Et confessons que cette histoire de cul, un peu cucul mais très bien ficelée, a au moins le mérite de délier les langues sur un sujet trop souvent léché à l'abandon : il n'y a pas de mal à se faire du bien, et parfois, se faire un peu mal, ça fait du bien.

En abordant le sadomasochisme, qui est un jeu, je te l'accorde sensible, tu mets en lumière nos parts d'ombre au travers de ces *50 Nuances de Grey*… ou de force.

> ***Natacha A Mal :***
> *Sévices disponibles 24h/24h.*
> *Envie d'un petit coup de fouet sur ton lieu de travail, après t'être fait insulter par ton patron ?*

Nous t'offrons 50 % de réduction aux heures de bourreaux.
Gifles, morsures, pinçages de tétons…
Une application à petit prix mais avec laquelle tu vas prendre très cher !

Mais là où je suis, disons, plus dubitatif, c'est qu'avec tes super-Éros des temps modernes, tu ne fais que raviver un vieux stéréotype : celui de la femme inexpérimentée et soumise qui se découvre et s'épanouit grâce à un prince charmant, en costard-cravache.

Comme si les femmes d'aujourd'hui voulaient être à la fois libres et très attachées, sujet et objet, indépendantes financièrement et parfois trouver le mari idéal pour vivre à ses crochets…

Natacha A Mal :
Et si l'application te plaît, et que tu t'attaches à moi, pense à me… noter.
Pour trois coups de fouet achetés, une strangulation offerte !

Disons que ton film fait avancer le débat mais nous oblige à prendre du recul. Et si tu avances et qu'on recule… comment veux-tu… comment veux-tu… que les clichés ne s'accumulent ?

Lettre ou ne pas Lettre

Et il serait franchement temps en 2017 que celui qu'on a trop appelé le sexe faible puisse enfin sortir de la zone des cons forts.

Cela dit, cher *50 Nuances de Grey*, merci quand même d'avoir remis un peu d'érotisme sur grand écran, parce que notre sexualité est complexe, et qu'en parler ça décomplexe. Et ce n'est pas parce qu'on en est parfois dépendant, qu'on n'a pas le droit à la contre-addiction.

Tendrement,
Michaël

Nutella

Cher Nutella,
Cher… héros rocher,
Cher… cle vicieux,

Oui, cher Nutella,

Si je t'écris aujourd'hui, cher Nutella, c'est parce que c'est bientôt la chandeleur, et j'ai peur qu'une fois de plus, tu me retournes comme une crêpe.

Car même si j'ai réussi à te bannir de mon alimentation, je sais que tu es une drogue dure, et qu'avec toi, en deux coups de cuillère dans le pot, on a vite fait de payer l'addiction.

Au début, on te déguste pour le plaisir, mais après, au moindre moment de déprime, on te dévore pour ravaler nos larmes : un vrai pot de chagrin. Et contrairement au tennis, c'est pas parce qu'on se sert à la cuillère qu'on évite la double faute !

> ***Maïtella (avec un fort accent du Sud-Ouest) :***
> *Alors aujourd'hui les amis, on va faire son Nutella soi-même.*
> *D'après la publicité, la recette, c'est des noisettes broyées, du lait en poudre, et du cacao qui vient de Cuba... Cacao, de cuba... Eh oui, moi aussi j'en fais des jeux de mots !!!*

Parce que quand on mange du Nutella, qu'est-ce qu'on mange en réalité ? Eh oui, comme pas mal d'autres produits minceur – les nuggets, le Coca-Cola, les M&M's... – ta composition reste un sucré bien gardé... classé sucré-défense !

La seule chose qu'on sait c'est que tu contiens 70 % de graisses végétales, qui deviendront très vite 100 % de graisses humaines.

> ***Maïtella :***
> *Eh oui mon petit bonhomme, parce que pour l'instant on n'a rempli que 20 % du pot, le reste... c'est de la bonne huile ! Il faut beaucoup beaucoup d'huile. Attention pas n'importe quelle huile, de l'huile de palme... qu'on mélange avec du sucre de canne... huile de*

Palme, sucre de Cannes : c'est drôle pour les cinéphiles et c'est excellent pour les enfants !

Et non content de détruire la flore intestinale, tu t'attaques aussi à la flore… amazonienne. Car la provenance de ton huile de palme n'est pas toujours très académique. Alors depuis quelques années, ton obsession, c'est de devenir écoresponsable. Une pâte à tartiner qui rêve de devenir pâte éthique…

Tu as même fini par décrocher un label, pour arranger tes affaires : la belle affaire !

Maïtella :
Moi je peux vous le dire, manger trop de Nutella ça bourre et ça rend lait… D'où les bourrelets !

Finalement tout est orchestré pour faire taire tes détracteurs, et que tu puisses tranquillement continuer à mener la danse au rythme de cash-noisettes. Et si les critiques perdurent, tu fais la même réponse que toutes les multinationales : « Firme bien ta gueule ! »

Alors je n'en rajouterai pas des tartines, mais cette façon que t'as de faire ton beurre sur le gras des autres, ça me donne le cœur gros. Allez, bonne chandeleur quand même !

Tendrement,
Michaël

PS : ***Maïtella :***
Et quand un enfant obèse achète 5 pots de Nutella, on lui fait un prix de gros !

Zlatan Ibrahimović

Cher Zlatan Ibrahimović
Cher… beau Croate,
Cher… ge Aurier,

Oui, cher Zlatan…

Si je t'écris aujourd'hui, mon brave Zlatan, c'est parce que c'est bientôt le match retour de Ligue des champions contre Chelsea, et je voulais t'envoyer ces quelques mots d'encouragement.

Parce que dès la semaine prochaine, il faudra battre toutes les équipes, absolument toutes ! Celles-là, mais surtout Chelsea !

Et le match qui t'attend sera un match d'Homme, un match rugueux. Alors pas question de chercher quelques grammes de finesse dans ce monde de buts. Non, surtout pas de foot sentimental, ni de soif d'idéal, faudra taper dans la balle, la balle et la mettre dans la lucarne !

Je compte sur toi pour pratiquer ton plus beau kung foot, et s'il le faut même, infliger des dégâts costauds à Diego Costa. Ainsi, sans le moindre complexe, ces adversaires, il faudra n'en faire qu'une bouchée, les réduire au rang de légumes, et qu'importe ce que par le passé Chelsea fit…

Bref, il est temps de montrer ce que vous valez vraiment, d'entrer dans la lumière, et avec les honneurs, de sortir de Londres !

Et si tu ne le fais pas pour toi, fais-le au moins pour Nasser parce que tu le connais quand son équipe perd, c'est un émir acculé. Ça le rend fou, il s'énerve, il monte dans les tours de Calife. Et ce n'est pas vraiment ce que l'émir adore.

Après pour lui redonner le sourire, tu seras contraint de jouer avec ta sélection nationale, contre le Qatar, et de les laisser gagner. Tu sais, Zlatan, comme on dit dans les moments de déprime, le sport fait vivre… Et le foot, ça redonne même la fierté à toute une nation parce que le peuple s'identifie à son équipe… Imagine : Suède 3, Qatar 6.

Alors, cher Zlatan, je t'en supplie, ne reste pas l'Ibra croisé, ni l'Ibra ballant, ce serait ballot.

Et redeviens, enfin, l'Ibra toi, celui que t'as toujours été, un sacré fils de buts, car même quand on fait 1,98 mètre, on peut rêver plus grand.

Et pour tous ceux qui se disent :

Le football à quoi ça sert ?
Qui ne comprennent pas cette passion
Permettez-moi, je vous sers
Deux trois vers d'explication :
De nos pulsions meurtrières
Le foot détourne l'attention
Car si l'on doit se faire la guerre
Mieux vaut qu'ce soit pour un ballon
Et que le seul rouge sanguinaire
Qui sort d'une poche, soit un carton
Alors ce ne sera plus la vie qu'on gagne ou qu'on perd
Mais juste le titre de champion.

Tendrement,
Michaël

Les Soldes

Chers Soldes,
Cher, toujours trop cher,
Cher… cle vicieux,

Oui, chers Soldes,

Si je vous écris aujourd'hui, chers Soldes, c'est parce que tous les six mois vous revenez nous faire mal…

Nous sommes à peine remis des précédents que vous revoilà déjà toutes griffes dehors… Prêts à nous faire de nouvelles marques. À cause de vous, toutes nos petites économies sont meurtries et même les grandes en saignent.

Non que cette coutume me dérange mais enfin les soldes c'est quand même une période où on nous prend un peu pour des truffes… On y va pour flairer la bonne affaire et on finit toujours par renifler la moindre réduc !

Alors comment se fait-il que les soldes continuent de marcher… et que nous y courions ?

D'abord, c'est vrai que tout est fait pour nous mettre des étales plein les yeux !! Dans les journaux, à la télé, dans les vitrines… on ne voit plus que ça : « Bienvenue dans la cécité de consommation… »

Et puis pendant les soldes tout est permis : la très classique diminution des prix, qui n'est qu'un mauvais coût bas, ou les fausses promos qui ne sont en réalité que des remises… à zéro.

Sans compter les offres qui nous font tomber dans le panneau, avec ce but pas très catholique de nous faire perdre tous nos repères… Au nom du bénéfice, Amen !

Mais tout ça n'est rien comparé à la méthode de vente la plus marquiavélique : générer de l'angoisse !

> « *Ultime démarque !* »
> « *Derniers jours pour en profiter !* »

« Vente flash : tout doit disparaître… surtout vos économies ! »

Voilà comment, pendant les soldes, chacun veut sa ration de mode, et perd toute modération !

Et voir les autres faire les soldes, ça déculpabilise. De proche en proche, ça finit par devenir une grande partie de soldes-mouton.

C'est ainsi que s'opère la grande traversée du désir. Et sur ce long chemin, petit à petit, on se sent dangereusement attiré par la pente… attention soldes glissants !

Mais disons-le, si les soldes ça marche, c'est aussi parce que ça nous fait du bien !
Perdu dans cette chasse au trésor, c'est assez réjouissant de trouver le bon plan : on se félicite quand l'affaire est dans le sac, ou lorsqu'on a réussi à trouver la nouvelle paire de chaussures idéale, qui n'avait rien d'une basse quête…

Ainsi, quand on consomme, telle une Wonder Woman ou un Superman des temps modernes, on croit user de notre super-pouvoir… d'achat !

Les Soldes

Finalement, pendant les soldes, comme je crois le disait Descartes, à son crédit : « Je dépense donc je suis. »

Alors ce n'est pas pour jouer les rabais-joie, chers Soldes, mais je me lasse d'avoir et d'acheter toujours plus et d'avoir toujours plus à jeter… Cette fois-ci, cette grande fête de la surconsommation se fera donc sans moi, parce que l'avenir de la planète, désolé, mais ça ne se discount pas !

Tendrement,
Michaël

Abbé Pierre

Cher Abbé Pierre,
Cher… ité bien ordonnée,
Cher… viteur des nobles causes,

Oui, cher Abbé Pierre,

Si je vous écris aujourd'hui, cher Abbé Pierre, c'est parce qu'en ces temps où le froid nous gagne autant que l'indifférence nous perd, votre présence nous manque cruellement.

Il y a dix ans maintenant que votre voix s'est éteinte. Cette voix que vous aviez osé élever à l'hiver 54 pour défendre ceux qui dormaient dans la rue. Cette voie aussi qui nous a longtemps guidés, pour nous remettre sur la nôtre, celle qui mène au cœur.

Marine des Neiges :
♪♪ Libérée !! Délivrée !! ♪♪

Des voix !! J'entends des voix ! Comme toi, ma Jeanne. Ça y est ça marche, moi, Marine des Neiges, en gelant les cœurs, je me réchauffe les urnes ! Bah quoi... tout le monde sait que j'en ai !

Car je me souviens de ce temps où, sans être acteur de cinéma ou footballeur, vous incarniez tout de même la personnalité préférée des Français. On admirait tous cette façon que vous aviez de toujours tendre la main quand les autres restaient les bras croisés. Vous étiez celui qui, dans les situations d'urgence, donnait l'alerte, tel un Saint-Père pompier.

Marine des Neiges :
Moi aussi depuis des années je tire la sornette d'alarme ! Partout où je passe je sème l'effroi pour conquérir les glaces moyennes !

Oui, voilà, cher Abbé Pierre, vous dont la porte restait toujours ouverte, vous étiez l'hôte idéal, l'indigné presque parfait qui préférait suivre les missions qu'il s'était fixées plutôt que de profiter de la moindre vague de froid... pour tirer la couverture à lui.

> ***Marine des Neiges :***
> *Ah non hein !! Parce que je sais comment c'est : on commence par ouvrir les yeux, puis par ouvrir les bras, et on finit par ouvrir nos frontières !! Pour maintenir les cœurs des cons gelés, le secret c'est de ne jamais se regarder dans la glace !*

Sauf que depuis dix ans, le nombre de SDF a doublé et la crise du logement touche 1 Français sur 6. Alors dans ces conditions ce n'est pas toujours évident de voir l'hiver à moitié plein. En 2017, en France, quand il fait froid, chauffe qui peut…

> ***Marine des Neiges :***
> *Avec toute mon équipe, Lady Glagla, Captaine Igloo, et Hugues Au Frais, on a polaire d'y toucher, mais en 2017 on va bien vous refroidir !*

Évidemment, ce n'est pas toujours facile d'agir à sa petite échelle, et selon nos moyens on ne peut pas toujours dire aumône à tout. Mais au moins la simple idée que dans notre pays des gens continuent de mourir de froid et de faim, ça devrait nous couper l'apathie…

Abbé Pierre

Et à votre image, on pourrait adopter l'Abbé attitude, celle qui rend Emmaüs costaud !

Alors, cher Abbé Pierre, vous qu'on aurait dû faire chevalier des âmes et des êtres, merci de nous avoir appris qu'on peut lutter contre l'effroi avec un peu de chaleur humaine…

Car comme vous le disiez si bien : « Un sourire coûte moins cher que l'électricité, mais donne autant de lumière. »

Tendrement,
Michaël

Fabrice Luchini

Cher Fabrice Luchini,
Cher… viteur de la langue française,
Cher… cheur de moments de grâce,

Oui, cher Fabrice Luchini,

Si je vous écris aujourd'hui, cher Fabrice Luchini, c'est pour vous dire que grâce à vous, je me sens fier d'être français.

Car en défendant notre plus grand patrimoine vous nous prouvez que l'élévation spirituelle peut mener à l'élévation sociale. Grâce à votre passion de la langue française, vous êtes passé de garçon coiffeur à comédien, de la mise en plis au misanthrope.

Et aujourd'hui, d'un Céline, vous rompez notre voyage au bout de l'ennui et d'un La Fontaine vous bâtissez des châteaux de Fables.

> ***Fabrice Luchini :***
> *C'est gentil, mon petit bonhomme, ce que tu me dis, mais tu sais c'est extrêmement déprimant le succès. Au théâtre la recette ne fait pas le bonheur. Ça rapporte énoooorme, mais ça couvre à peine mes frais de psychanalyse !*

Mais non, vous êtes devenu une sorte de Robin des Bois des temps modernes : vous vendez des places de théâtre aux riches pour célébrer la mémoire des auteurs qui crevaient la dalle.

> ***Fabrice Luchini :***
> *Écoute, je fais un spectacle sur la poésie, je mets les places à 60 balles… et les spectateurs sortent contents ! C'est la déglingue totale… Ça m'accable moi le bonheur des autres. Je voudrais voir les gens déprimer !*

Justement, à tous ceux qui nous submergent de mots-ribons, de mots-notones vous leur opposez des mots-lières, de ceux qui nous font grimper et franchir les murs que certains veulent ériger entre nous…

Vous répondez à la langue de bois par une langue vivante et vivace. Et tel un prince jardinier, ou un roi semeur, vous insufflez de la sève à cette France qui sent le sapin et qui se résine.

Fabrice Luchini :
Mais je suis même devenu un sex-symbol. Je reçois des lettres de femmes au théâtre : « Vous me donnez tant de plaisir du bout de votre langue que j'en perds mon latin… Vous êtes pour moi Luchini Lingus ! » Mais c'est hallucinant de poésie !!

Et c'est vrai que vous nous donnez le sourire au livre ! Alors merci, cher Fabrice Luchini, de porter le verbe haut, pour nous faire prendre de l'altitude et nous faire tutoyer les auteurs. Car tel un chevalier des âmes et des lettres qui fait la guerre aux médiocres, ce que vous incarnez si bien dans votre manière d'être français, c'est… le panache.

Tendrement,
Michaël

PS : ***Fabrice Luchini :***
C'est qu'il va finir par me redonner le moral, ce petit con de Michaël Hirsch…

La Mémoire

Chère Mémoire,
Cher… ébral,
Cher… cheur,

Oui, chère Mémoire,

Si je t'écris aujourd'hui, ma chère mémoire, c'est pour te dire que… je sais plus… ah si… euh oui… il faudrait que tu reviennes !

Alors j'en ai conscience, si entre nous ça ne marche plus très bien, c'est un peu ma faute parce que depuis quelque temps, je ne me contentais plus des connaissances qu'on avait en commun et je suis allé voir ailleurs… sur Wikipédia, sur Google… Et même mes souvenirs intimes, je les ai égarés sur Facebook et Instagram…

Oubli-Wan Kenobi :
Des sites en garde je t'avais mis, jeune Padawan ! Se méfier toujours il faut des connexions sans lendemain et des wifi faciles !

Et c'est là que j'ai commencé à avoir des petits trous, des petits trous, encore des petits trous. Oh pas de quoi devenir dingue, ni de quoi prendre un flingue, je me disais simplement qu'à force de me creuser la tête j'avais vraiment de la fuite dans les idées. Et je ne m'inquiétais pas, parce que je pensais que tu serais toujours là pour moi, à ranger mes souvenirs dans ma petite tête.

Oubli-Wan Kenobi :
Grande est ton erreur, jamais il ne faut considérer sa mémoire comme une femme de méninge. Toujours lui laisser sa liberté… Il faut que mémoire vive.

Mais à force de ne plus prendre le temps de chercher, c'est moi qui me suis perdu.

Petit à petit, je suis devenu cet automate qui raconte toujours les mêmes salades : « Et bon anniversaire, cher ami Facebook », « Et bonne année, cher contact Gmail »…

Toi, tu étais de plus en plus effacée et moi je brillais par mes absences. Ma vie n'était faite que de ces soirées où l'on picole et de ces souvenirs qu'on copie-colle.

> ***Oubli-Wan Kenobi :***
> *Du côté obscur de la force tu es tombé. Avant tu te concentrais et aujourd'hui… tu te sens très con !*

Voilà, alors j'ai compris qu'une relation avec sa mémoire se construit et se reconstruit sans cesse. Et que ça, c'est apprendre ou à laisser.

Et, bien sûr, toutes ces mémoires virtuelles retiennent tout, mais c'est horrible, parce qu'elles n'oublient rien, même les pires souvenirs, ceux que toi seule tu savais garder enfouis très profond. Alors je préfère dès aujourd'hui abandonner toutes ces mémoires 2.0, pour retrouver ma mémoire, un point c'est tout.

Tendrement,
Michaël

Le Préservatif

Cher Préservatif,
Cher… moi fort dans tes bras,
Cher… à voile et cher à vapeur,

Oui, cher Préservatif,

Si je t'écris aujourd'hui, cher Préservatif, c'est parce qu'on ne peut vraiment plus se passer de toi. Et n'en déplaise à certains qui ne te trouvent pas très catholique et préfèrent paniquer, tu es devenu incontournable, et tant mieux. Parce que quand on t'évoque, c'est plutôt bon signe, c'est qu'on est sur la bonne voie… pour faire un petit bout de rut avec quelqu'un !

***Le Père Fourra*:**
Premier indice : je suis un objet qui permet de ne pas jouer sa vie à coït ou double. Et qu'il faut enfiler soi, avant d'enfiler qui que ce soit.

Bien sûr certains sont encore mal à l'aise au moment d'aller acheter une boîte de six à la pharmacie. Pourtant y a vraiment aucune honte à avoir une vie sexuelle. Alors dis-le à ton pénis, et passe le message à ton vagin !

> ***Le Père Fourra :***
> *Deuxième indice : je suis le garde du corps le moins cher du monde, et pour se passer de moi il faut vraiment être un con d'homme !*

Alors oui, c'est vrai, ce petit morceau de caoutchouc n'est pas toujours idéal. D'abord, ça veut dire qu'il faut payer quand une personne nous invite à la visiter, c'est latex d'habitation. Et puis il faut payer chaque fois qu'on veut y retourner, c'est latex sur le revenu !

Mais pour cinquante centimes d'euro, franchement, comment hésiter entre les bourses ou la vie ?

> ***Le Père Fourra :***
> *Troisième indice : en mon absence, mieux vaut remettre à plus tard l'envie d'un moment, si tu veux rester en vie et ne pas devenir môman.*

En plus, tu as su te moderniser, te décliner dans toutes les formes et à tous les goûts. Il y a des phosphorescents, des fluorescents, et même des plus ou moins récents…

Il y a des capotes de pommes, des capotes de poires, et on se demande même jusqu'où les capotes iront.

Le Père Fourra :
Tu n'as toujours pas trouvé, alors écoute : lorsqu'il est bien mis, il me va comme un gland, je suis… je suis…

… Indispensable ! Tout comme les antibiotiques c'est pas automatique, le préservatif c'est pas facultatif !

Alors sans capote, mieux vaut qu'on reste potes, parce qu'on fout pas la vie de gens en l'air pour une partie de jambes en l'air ! Et comme on dit avant un bon pique-nique : sors tes couverts… en plastique !

Tendrement,
Michaël

PS : **Le Père Fourra :**
Bah ça m'a redonné de la vigueur cette énigme, y a Passe-Partout qui se réveille…

Élise Lucet

Chère Élise Lucet
Cher… vice public,
Cher… viteur des causes désespérées,

Oui, chère Élise Lucet !

Si je vous écris aujourd'hui, chère Élise Lucet, c'est pour vous dire à quel point je vous admire.

Tandis que vos collègues ne démêlent plus le vrai de l'info, et nous lancent des flashes empoisonnés, vous, vous faites du journal-héroïsme, vous affrontez les puissants de ce monde à la pointe de votre micro. Et quand vous posez la question qui tue, c'est toujours pour essayer de nous sauver la vie.

Alors si vous menez l'enquête, c'est chaque fois la plus grande qui soit, celle de la vérité, l'enquête du Graal. Jamais de compromis, avec vous Élise, c'est à prendre ou à Lucet.

> ***Chantal Lobby*** :
> *Vous prenez les choses trop à cœur Élise. Dans notre métier, on sait garder le sens de l'humour. Par exemple, vous savez ce qu'on dit sur le mercure dans le saumon à Bruxelles ? C'est pas notre sushi… !*

Pour nous, vous êtes devenue un véritable repère, l'Élise au milieu du village. Et en nous alertant sur ce monde qui ne cesse de clocher, vous nous donnez l'alarme à l'œil.

> ***Chantal Lobby*** :
> *Et maintenant que Monsanto et Bayer sont associés, on peut enfin le dire… ils avancent de cancer.*

Alors puisque les petites révélations entraînent les grandes révolutions, telle une Marianne des temps modernes vous guidez le peuple et libérez les consciences. Vous nous montrez ceux qui nous aveuglent, et vous nous faites ouvrir les yeux sur ceux qui dépassent les borgnes.

Chantal Lobby :
À propos des pesticides dans l'eau, vous savez ce qu'on dit à la Commission européenne ? Pensez à bien nitrater les enfants... !

Et ne remettant jamais votre courage à demain, vous allez jusque dans le Parlement européen, dans ce lieu où l'on parle autant que l'on ment, pour nous prouver que le réseau du plus fort n'est pas toujours le meilleur, et surtout que le lobby ne fait pas le moine.

Alors merci, chère Élise Lucet, car si souvent à la télé, on tombe très bas, grâce à votre caméra, on vit des hauts. Et si vous vous présentiez comme présidente de la République, j'aimerais tant qu'on vous Élise...

Tendrement,
Michaël

PS : ***Chantal Lobby :***
Non mais vous allez nous lâcher avec cette histoire d'évasion fiscale ? Qu'est-ce que vous nous voulez au juste ? Vous voulez nous faire l'impôt ?

Andy Warhol

Cher Andy Warhol,
Cher… igraphie,
Cher… endipity,

Oui, cher Andy Warhol,

Si je vous écris aujourd'hui, monsieur Warhol, c'est pour vous présenter mes plus plates excuses.

En effet, je suis allé voir votre exposition « Warhol Unlimited » au musée d'Art moderne de Paris, et comme je trouvais ça très beau, je me suis pris en photo devant une de vos œuvres les plus célèbres… C'est Mao… enfin c'est surtout Moa… Parce que c'est vrai, on ne voit pas très bien le tableau, et c'est pourquoi je tiens à m'excuser…

Mon père, pardonnez-moi, car j'ai perché !

Andy Warhol

Monsieur Warhol, il faut me comprendre, tout le monde avait un selfie stick[1], car au XXIe siècle nous sommes des gens selfistickés. Et à peine arrivé dans l'exposition, ce fut une sorte de grande course à l'image : à vos smarts, prêt, feu… portrait !

Habituellement je ne fais pas partie de ces selfies faciles. Mais là, dans cette exposition, au milieu de tous ces portraits multipliés à l'infini, je me suis senti noyé dans la masse, comme happé par l'anonymat. Je n'ai pas pu résister à l'appel des réseaux sociaux. J'avais un besoin urgent de me sentir aimé, y avait le feu aux likes. Et n'importe quel like : un like supérieur, un like majeur, ou même un like artificiel.

Et je n'étais pas le seul : on était tous avec nos selfie sticks, on se serait cru à Perchépolis. On se tirait le portrait, comme dans un photomouton.

Et à mesure que les likes s'accumulaient sur mon téléphone, j'avais de plus en plus l'impression d'être quelqu'un. Je me disais : grâce à ma perche, j'ai le bras long.

1. Perche à selfie.

Alors je suis parti du musée, le regard flou et les yeux brouillés, j'avais l'impression que tout le monde me suivait, je me sentais un peu perché-cuté. Je suis rentré dans un restaurant chinois, j'ai consulté la carte du restaurant, puis Facebook, puis la carte, puis Facebook… Du coup, quand la serveuse est arrivée, j'ai commandé un canard liké. Elle m'a expliqué que sur le Facebook chinois, on like pas, on nem.

Mais moi j'étais inquiet, je me disais : qu'est-ce que je vais bien pouvoir dire de l'expo Warhol ? J'ai passé mon temps à me prendre péniblement en photo… Ce doit être ça, égoniser.

Et comme un cri du cœur, et surtout comme le chantait Gérald de Palmas, un refrain m'est venu :

> « ♪♪ *Il faut que quelqu'un m'aide, je n'ai qu'un selfie,*
> *Trouver le remède, je n'ai qu'un selfie.* ♪♪ »

Et c'est même pas Selfie Marceau…

Et à ce moment précis, Andy, en repensant à votre exposition, j'ai réalisé que mon corps était passé par là pendant que mon cœur était ailleurs.

Andy Warhol

J'avais le pop art à portée de main mais je tenais mon ego à bout de bras.

Et si l'art tend un miroir à chacun, c'est peut-être pour que l'on devienne quelqu'un de réfléchi. Être une image juste et pas juste une image… Qui plus est virtuelle.

Finalement, mieux vaut toutes les toiles de maître que de tout mettre sur la Toile.

Car j'ai compris que l'art est un cadeau et que c'est l'attention qui compte.

Alors je tiens encore à m'excuser, et je vous promets que la prochaine fois que j'irai dans une exposition ce sera vraiment pour regarder les œuvres, et croyez-moi, mon cher Andy, c'est pas des Warhol en l'air !

Tendrement,
Michaël

James Bond

Cher James Bond,
Cher… vice secret,
Cher… gent instructeur,

Oui, cher James Bond,

Si je vous écris aujourd'hui, mon cher James, ce n'est pas pour vous parler de votre collègue, ce cher… Locke Holmes, mais plutôt pour vous dire à quel point je vous admire ! Oui, monsieur Bond, James beaucoup ce que vous faites.

D'abord, vous incarnez l'élégance en toute situation.

Qui peut se targuer en ce bas monde de se battre en smoking et de s'ébattre en robe de chambre sans jamais froisser ni son vêtement, ni sa partenaire ? Personne, sauf vous… Vous qui êtes toujours athlétique et chic, une véritable armoire à classe !

Alors oui, je vous envie, 007, car moi aussi quand je vais en soirée, j'aimerais pouvoir attirer tous les regards dans un costume de velours dingue. Mais quand je m'y essaie, j'ai plutôt l'air d'être dans un costume de vieux lourdingue…

Et cette élégance, vous la cultivez même dans le travail : être un agent zéro zéro certes, mais pourvu d'un code moral, parvenant ainsi admirablement à jouer aux gens d'armes et aux valeurs. Et même avec les individus de la pire espèce. D'ailleurs dans un James Bond il y a deux types de méchants : les hommes qu'il tire en rafale et les femmes qu'il tire en raffolent.

Voilà qui m'amène à vous confier que votre succès avec les femmes, James, me laisse totalement rêveur…

Pour des gens comme moi, quand on drague, il faut charmer de patience, mais pour vous tout semble si facile : d'un simple regard, vous semblez dire à la gent féminine, jetez vos âmes… et ça marche !

Ce qui m'impressionne le plus, c'est votre agilité à vous débarrasser de vos amantes. Parce que moi, quand par miracle je réussis à coucher avec une fille, après elle ne me lâche plus… J'ai la conquête qui colle.

J'admire aussi chez vous votre incroyable endurance. Depuis plus de soixante ans, vous êtes un héros qui se réinvente sans cesse. D'ailleurs, récemment, certains se sont inquiétés que James Bond puisse un jour être incarné par un acteur noir. Mais James Bond a tous les visages : quand c'est Sean Connery, c'est le Bond original, quand c'est le très musclé Daniel Craig, c'est un Bond dessiné. Et si un beau jour – ou peut-être une nuit – 007 devenait homosexuel, il incarnerait un Bond platine, dans une version revisitée de Skyfolle aux côtés d'une Miss MoneyPénis, sévèrement burinée. Et quoi qu'en disent les plus conservateurs, le mythe continuera…

Je vous l'avoue, j'aime tout dans vos films, j'aime vos gadgets privés, j'aime les scènes de Q, et j'adore quand près de vous, telle une mère précieuse, M rôde.

Bien sûr, ces derniers temps, mon cher James, vous avez un peu tendance à vous vendre aux plus offrants, à vous faire marquer et remarquer, jusqu'à étouffement publicitaire. Je me demande même si vous n'êtes pas en train de dérailler, mais il semblerait que pour assurer votre train de vie, les logos motivent… Et hélas aujourd'hui avant d'être un homme sans peur, un homme sans reproche, vous devenez parfois un homme san… dwich.

Mais voilà telle est ma faiblesse, votre présence me rassure, James. Parce que dans vos films, les salauds sont des salauds et les gentils des gentils. Et c'est tout l'inverse du monde dans lequel on vit. Alors, quand dans ma vie je crains de devoir couper l'espoir en deux, je sais que je peux me plonger dans un de vos films, et retrouver un peu de sérénité. Et que vous serez toujours un rayon de soleil en plein hiver, même quand mon moi doute.

C'est pour tout ça que je me fais déjà une joie de vous retrouver à l'écran.

Et à ceux qui me disent que des films d'agents secrets ne peuvent suffire à rendre heureux, je leur dis que c'est vrai, l'agent ne fait pas le bonheur mais il y contribue.

Alors merci James, merci pour tout.

Tendrement,
Michaël

Les Autoroutes

Chères Autoroutes,
Cher… volant,
Cher… à droite et prends la prochaine sortie,

Oui, chères Autoroutes,

Si je vous écris aujourd'hui, chères Autoroutes, c'est pour mêler ma plume à quelques poignées de goudron. Car en cette veille de départ en vacances, j'ai l'impression que notre relation est à sens unique.

Quand je vous emprunte, j'ai toujours un pneu la sensation de me faire rouler… Et au prix que ça va me coûter cet été, j'ai déjà le kilomètre râleur !!!

Al Capot :
C'est bien, tou t'intéresses aux autoroutes, tou es curieux… Mais circulez, y a rien à savoir…

Bah si… d'abord soyons justes, et soyons fiers, le réseau autoroutier français est l'un des plus appréciés au monde ! Le cœur a son réseau que parfois la raison ignore…

Et on peut s'en féliciter, car ces autoroutes, elles nous appartiennent un peu, c'est le contribuable qui au fil des années, pardonnez-moi l'expression, les a payées avec l'impôt du cul !

D'ailleurs, la loi de 1955 part du principe que circuler librement par la route ça n'a pas de prix. Oui, vous avez bien lu, dans la loi : « L'usage des autoroutes est en principe gratuit. »

Mais ponctuellement et exceptionnellement il peut y avoir « des péages en vue d'assurer le remboursement des avances et dépenses »…

Ponctuellement et exceptionnellement ?!?!?!

Al Capot :
Attention à ce que tou dis petit bonhomme. Tou sé, la vie, c'est comme une autoroute… certains se croient tout permis, et d'autres préfèrent régler ça avec les poings…

Conserver de belles autoroutes, ça demande beaucoup d'entretien ; pour qu'elles puissent garder la forme, il faut des fonds. Et pendant longtemps, cet entretien était confié à des entreprises dont l'État était actionnaire majoritaire.

Or, en 2005, il a fallu initier un nouveau plan de travaux national. Et sous l'impulsion du ministère des Finances, à qui l'on peut vraiment dire Bercy, l'État décide de vendre ses parts... Tout pile au moment où les autoroutes allaient devenir bénéficiaires... Quel sens du timing ! Et en empruntant cette voie, c'est, pour nous tous, le début d'une des routes !

> ***Al Capot :***
> *Ceux qui se condouisent en pétits courieux peuvent rencontrer sur leurs routes des plaques des verglas... des choutes de pierres... des tounnels qui s'effondrent... plein de catastrophes pas toujours natourelles...*

Et bien que personne n'ait vraiment accordé le droit de vente à qui que ce soit, cette opération rapporte 14,8 milliards d'euros... soit 10 milliards de moins que son prix réel... Curieusement, Bercy et la Cour des comptes n'ont pas les mêmes valeurs !

Alors, rassurez-vous, la guerre d'octroi n'aura pas lieu. Les parts sont vendues à trois groupes privés : Vinci, Eiffage et Abertis… qui obtiennent les concessions en moyenne jusqu'en 2030 !

Les autoroutes sont-elles toujours une affaire de trafic et de piston, je ne sais pas, mais ce qui est sûr, c'est que vendre la concession des autoroutes à des entreprises de BTP, c'est ce qu'on appelle tendre le béton pour se faire battre !

> ***Al Capot :***
> *Là maintenant tu ne peux plous faire demi-tour… À force dé mé parler des autoroutes, je vais finir par être obligé de te remonter les bretelles !*

Car aujourd'hui sans conteste, ceux qui remportent la cagnotte du Loto Route, ce sont ces trois entreprises. Et les grands perdants ce sont les usagers. Que voulez-vous, chacun sa rente, chacun son chemin…

Les autoroutes en 2016, c'est 10 milliards de recettes par an dont 85 % viennent des péages. Il y a certes 3 milliards qui reviennent à l'État, et aussi 2 milliards de bénéfices, dont plus d'1 milliard est distribué chaque année en dividendes aux actionnaires…

Ne cherchez pas dans ce tableau l'honneur de Vinci, ni des deux autres non plus. Mais avouons que dans le genre pillage d'autoroute, c'est du grand art.

Alors, chères Autoroutes, pas étonnant dans ces conditions de croiser sur vos aires qui n'en valent pas la chanson des automobilistes livides et des camions si ternes.

Car au volant ce qui nous effare le plus, c'est qu'en l'espace de dix ans donc, la route qui appartenait à tout le monde est devenue la rente de quelques-uns.

Et *a priori* cette situation va encore durer au moins jusqu'en 2030. Un vrai fardeau qu'on va traîner longtemps… alors merci de nous le faire remorquer !

Tendrement,
Michaël

Roger Federer

Cher Roger Federer
Cher… vice lifté,
Cher… vice gagnant,

Oui, cher Roger Federer,

Si je vous écris aujourd'hui, cher Roger Federer, c'est parce que vous n'êtes pas à Roland-Garros cette année, et comme je vous chelem beaucoup, j'ai un peu le moral dans les chaussettes… de tennis.

Vous qui si souvent dans votre carrière avez fait fort, vous voilà donc forfait.

Et en manquant Roland-Garros, c'est surtout à Roland-Garros que vous manquez. En plus, vous n'étiez déjà pas là l'année dernière, on n'est pas loin de la double faute… Alors ce choix, Roger, ace bien raisonnable ?

Rafael Nadal :
Rodgère, tou viens pas à Roland-Garros ?
Alors Rodgère, c'est parce que tou sé déjà que yé vé gagné…
Tou es tendou ? Tou stresses ? Tou as peur ? Tou trembles ? Tou as des tics ? Tou né té contrôles plou ?

Depuis que vous êtes apparu sur le circuit, il y a bientôt vingt ans, vous êtes devenu pour les gens une légende. Et loin de vous comporter comme un sport, le tennis, vous en faites de l'art, et jamais du cochon.

Même si au début de votre carrière je me souviens d'un jeune joueur qui piquait souvent des colères, il était plutôt rageur Federer… Mais avec vos cheveux longs et votre petit élastique pour les retenir derrière, vous aviez déjà tout du chouchou.

Rafael Nadal :
Rodgère, tou mé reçois cinq sur cinq, enfin comme on dit au tennis set sur set… tu as compris « set sur set » ?
C'est oune yeu de mots… Qu'est-ce qui a, tou né rigoles pas ?

Tou es tendou ? Tou stresses ? Tou as peur ? Tou trembles ? Tou as des tics ? Tou né té contrôles plou ?

Et, sur le terrain, ce qui vous distingue des autres, c'est l'élégance. Même en plein effort, il n'a pas une goutte de sueur, ni même de rougeurs, Federer.

Avec votre jeu d'attaque, vous auriez pu tout gagner en double, mais vous avez préféré faire simple. Enfin, pas si simple quand même, car vous saviez déjà faire de l'effet…

Ainsi vous brillez par votre revers de diamants et le public s'exclame à chacune de vos balles masquées… Ohé ! Ohé !

Quand l'autre en face prend sa leçon, pour vous les terrains deviennent de vrais cours de récréation. Et grâce à votre jeu aérien, le maître décolle et vous semblez marcher sur des jeux.

Rafael Nadal :
Mais dis-moi, yé oune question qui mé tracasse dépouis des années, comment tou fé, Rodgère, pour pas avoir le slip qui colle aux fesses ?

Parce qué moi yé toujours lé slip qui colle au coul.

Seulement certains vous trouvent un peu trop neutre. Peut-être votre côté profondément suisse, l'Helvète Underground qui sommeille en vous. Alors vous sortez des coups lisses... mais en préférant toujours les coups droits là où vos adversaires sont adeptes des coups tordus.

Par exemple, quand Murray s'agace et tente de monter au filet à l'anglaise, vous ne vous laissez pas impressionner par les petites frappes.

Face à Novak qui tente tout pour vous déstabiliser, vous gardez votre sang-froid, alors que Djoko l'a chaud !

Et puis vous rencontrez votre meilleur ennemi, Rafael Nadal. L'homme qui va parfois vous clouer au lift – ce sont les effets secondaires des grips espagnols. Avec lui, va naître l'une des plus grandes rivalités de l'histoire de ce sport.

Car ce n'est pas en se rendant coup pour coup qu'on peut faire tamis tamis...

Roger Federer

Rafael Nadal :
Contre moi, Rodgère, il sé fé manger yé lé tapas, du verbe tapasser ! C'est pour ça que cét année, à Roland-Garros, il é paëlla. C'est oune yeu dé mots... il est paëlla.
Qu'est-ce qu'il y a ? Tou né rigoles pas ? Tou es tendou ? Tou stresses ? Tou as peur ? Tou trembles ? Tou as des tics ? Tou né té contrôles plou ?

Finalement, depuis le début de votre carrière, vous avez très peu, cher Roger, fait d'erreurs. Comme l'atteste ce début d'année qui a été fabuleux. Pour vous le dur semblait facile, vous avez tout gagné, donnant l'impression de toucher le ciel, et je comprends que vous redoutiez de revenir sur terre, battu...

Alors, cher Roger Federer, même si la Porte d'Auteuil n'est pas pour vous la porte d'à côté, l'année prochaine, revenez nous enchanter sur le central de Roland-Garros, nous égrainer vos quatre cents coups qui réinventent le tennis de haute volée. Et en attendant, permettez-moi de vous dire merci du fond du court.

Tendrement,
Michaël

McDonald's

Cher McDonald's
Cher… et surtout bien en chair,
Cher… vice sur place ou à emporter,

Oui, cher McDonald's,

Si je t'écris aujourd'hui, cher McDonald's, c'est que faute de nous nourrir correctement tu ne cesses quand même d'alimenter le débat. C'est vrai, pourquoi on t'aime tant ? Et pourquoi, en même temps, on a une si mauvaise opinion de toi ?

Tu es un peu comme un amant ou une maîtresse à qui on adore rendre visite… En culpabilisant juste après d'y être allé. Mais avec toi c'est toujours pareil, on est tenté, si bien qu'on y retourne chaque fois.

McDonald's

Parce que c'est vrai qu'on t'aime, mais il paraît que tu nous tues, avec tes graisses saturées et tes OGM, que tu es un vrai gène acide pour l'estomac… Alors on ne sait même plus à quelle faim se vouer.

Pourtant, si on ouvre en France un nouveau restaurant McDonald's par semaine, c'est forcément qu'il y a de bonnes raisons…

D'abord, le McDo, quoi qu'on en dise, c'est reconnaissable entre mille. Ils ont un vrai saveur-faire… Avec un Big Mac, c'est tout le corps qui déguste. Et tout le monde vous le dira, rien de tel qu'un menu Best of quand le moral s'effrite.

Ensuite, l'avantage, c'est que ça va vite : vite commandé, vite servi, vite mangé. Le fast-food, c'est fast-toche ! En cinq bouchées, on se fait le plein complet.

Et puis, c'est super pratique, on peut manger avec les doigts. Pour une fois, pas besoin de sortir couvert !

Les petites têtes rondes adorent, c'est tellement sympa d'avoir les mains pleines de graisse… Et pas que les mains, petit à petit de jolis bourrelets se dessinent sur le ventre de nos chérubins.

♪♪ *Voici venu le temps de l'huile aux enfants !* ♪♪

Et vive le happy mille calories !

En plus, on leur offre des jouets avec leur repas. C'est ce qu'on appelle tuer les enfants à petit jeu. Et ils le font dans la France entière, non, il n'y a pas qu'au nord qu'on les corrompt.

Enfin, le McDo, c'est démocratique. On peut manger à bon marché, juste à côté du supermarché… Le slogan, c'est « Venez comme vous êtes ». Le problème, c'est qu'on finit par ne plus du tout ressembler à la personne qu'on était au départ ! Après s'être goinfré de Sundaes, mieux vaut éviter de se regarder dans la glace…

Et pour nous faire manger toujours plus, les menus excellent, et ça finit par devenir la taille de nos pantalons…

Le problème, c'est surtout les qualités nutritionnelles… Enfin, on devrait plutôt dire les défauts ! On se demande si on ne flirte pas avec l'intoxication élémentaire. Parfois il y a si peu de protéines dans les sandwichs qu'on a l'impression que la viande steak hachée… Quant à la recette des nuggets, elle donne carrément la chair de poule !

Alors, il paraît que tu tentes d'améliorer ta nourriture… C'est une question de morale, on nous promet des efforts sur la diète éthique. Mais ça ressemble surtout à des salades.

Ça viendrait pourtant de très haut dans l'organigramme… Pour se donner bonne conscience, les grosses légumes de ta compagnie ont décidé de rajouter deux trois tomates cerises au menu…

J'ai plutôt l'impression qu'on se moque de notre pomme, parce que, faut pas rêver, chez toi, McDo, pour notre santé, pas de quartier !

Au bout du compte, dans ton genre d'établissement, on ne déjeune pas, on bouffe, et à la fin, en plus des plaques rouges, de l'acné, des boutons, on ne mange pas, on démange !

Et ça se passe comme ça aux quatre coins de la planète, tu nous mets des bouffes dans la gueule, et quel que soit le pays, tu renverses tous les régimes !

Alors, cher McDonald's, avant d'en avoir trop gras sur la patate à force d'ingérer tes *potatoes*, j'ai décidé de te déclarer la guerre, oui la guerre à l'huile, au beurre… J'entre en beurre-guerre contre le burger !

Tendrement,
Michaël

Tinder

Cher Tinder,
Cher… énade au clair de Lune,
Cher… moi fort dans tes bras,

Oui, cher Tinder,

Si je t'écris aujourd'hui, cher Tinder, c'est parce que j'ai pris une grande décision : je te quitte…

Lorsque je t'ai connu, j'étais dans un moment de faiblesse. Comme beaucoup, j'avais du mal à faire de belles rencontres, je vivais la crise de la *date*[1].

Et j'aimais cette idée que tu défendais qu'il ne faut pas aller très loin pour trouver quelqu'un. Oui, peut-être que le bonheur est dans le près. J'ai même

1. Prononcer « deïte » : rendez-vous galant en anglais.

imaginé que, grâce à toi, on allait enfin pouvoir se rendre vraiment service entre voisins.

Alors, j'ai commencé par sélectionner soigneusement ma photo de profil : éliminant les *duckfaces* afin de ne pas passer pour un gros canard... Car sur Tinder, sans de bonnes photos c'est perdu d'avance.

À tel point que je me suis dit rapidement que pour choper uniquement grâce à ma photo, j'avais intérêt à me photoshoper.

Et très vite je me suis pris au jeu. Je faisais défiler frénétiquement les profils... c'était un peu la fête du swip[1] !

Les premiers râteaux sont douloureux. Alors on se blinde dans ce je de la séduction, pour ne pas que ce rapport virtuel à l'autre altère l'ego...

Et puis, il faut veiller à ne pas devenir fou quand on alterne échecs et matchs.

---

1. Balayage du doigt permettant de passer d'un profil à l'autre sur l'application.

Et à partir de là, cher Tinder, tu as pris une place centrale dans ma vie sentimentale, tu faisais l'appli et le bon temps !

Je suis devenu avec toi un vrai chasseur 2.0... Je commençais à avoir l'algorithme dans la peau.

Et j'ai multiplié les rencontres : j'ai été attiré quelques fois, j'ai été atterré souvent. Parfois on a l'impression d'avoir tiré le gros lot, et parfois c'est la *date* des mauvais jours.

Que voulez-vous, on n'a pas toujours ce qu'on veut dans les Tinder Surprise...

Et peu à peu je suis devenu complètement accro, un vrai petit trafiquant de drague... Je jouais les faussaires, les imposteurs, les arnacœurs pour arriver à mes fins.

Je n'étais plus qu'un lover qui veut sa dose, jusqu'à vivre l'overdose.

Car avec Tinder, les jours et l'émoi passent... On se sent de plus en plus seul face à son mouroir.

Cherchant à tout prix un plan A puis un plan B et se rabattant sur un plan Q, avec au final l'impression surtout de ce plan T.

Et au bout d'un moment je me suis vraiment senti malheureux. Avec Tinder on consomme plus qu'on s'aime. On veut faire des rencontres en se mettant tous en ligne : allez, au suivant… !

On fait du tri sélectif à l'échelle humaine : « Belle, Très Belle, Poubelle… Belle… Ouh là, Poubelle !! Elle, je lui délivrerais même un certificat de déchet. »

Cette logique nous rend forcément cruel. D'un revers de la main, on balaie les uns, on balaie les autres alors que ce qu'on préfère en amour c'est souvent sans balai…

On devient brutal à notre insu. On doit sans cesse choisir uniquement sur quelques photos, quelques mots : cette personne est acceptable et celle-là je la rejette, c'est oui ou non. Le binaire des uns fait le malheur des autres !

Bref, à force de passer mes journées à zapper des gens, ça a fini par me zapper le moral.

Alors, cher Tinder, il m'en a fallu des clics avant d'avoir le déclic, mais c'est décidé, à mon tour de te *swiper*… À partir d'aujourd'hui je n'utiliserai peut-être pas la meilleure façon de matcher, mais ce sera la mienne… Même si pour ça il faudra charmer de courage pour oser aborder une inconnue dans la rue, proposer à une collègue de boire un verre, ou inviter une fille à danser dans une soirée…

Tendrement,
Michaël

Renaud

Cher Renaud,
Cher… moi un autre verre,
Cher… à vif,

Oui, cher Renaud,

Si je t'écris, cher Renaud, c'est parce qu'en ce jour de fête de la Musique, la France est toujours Morgane de toi… Et ça fait quarante ans que ça dure !

Alors pourquoi tant d'amour ?

Tu es devenu célèbre à la fin des années 70, toi, le fils de bourgeois, tu avais choisi de défendre les causes populaires. Avec ton blouson noir et ton bandana, un vrai dur en cuir, tu as commencé par des chansons anarchistes. Tes textes, c'étaient presque du Audiard, la langue de la rue, y avait de la colère, de la rage, de l'aigreur aussi… Déjà tu savais que c'est l'amer qui prend l'homme.

Tu tirais sur les puissants, tout y passait, politiques, bourgeois, patrons, comme un chanteur de bal, mais un vrai bal-trap pour qu'on arrête de se faire prendre pour des pigeons. T'étais déjà un animal en voix de disparition, et tu chargeais comme un Renaud féroce.

À cette époque, de Lille jusqu'à Marseille, toute la France attendait chaque année ton nouveau 33 tours, pressée qu'un chant impur abreuve nos sillons.

Dans les années 80 le rebelle se fait plus tendre, comme une opération à rockeur ouvert, tu deviens romantique. Sous le blouson clouté, on découvre un homme loin d'être marteau, qui a des sentiments.

Avec ton pote Coluche tu t'engages dans l'humanitaire. Mais déjà, tu picoles un peu trop. Toi l'homme des tavernes, tu deviens le vrai pilier des bistrots du cœur…

Et à force d'être souvent beurré, tu prends un peu de brioche… Mais comment t'en vouloir ?

Avec toi, même les concerts sont bourrés, et ta générosité va jusqu'à te faire sillonner l'Hexagone pour payer ta tournée. On dit que tu as l'alcool joyeux, que tu te tapes surtout des bars… de rires.

En 1985, tu écris peut-être ton plus grand chef-d'œuvre, « Mistral gagnant », monument de la chanson française que bien d'autres artistes ont souvent revisité depuis. Avec ce titre, tu as plus que jamais le vent en poupe… Et tu deviens un magistral gagnant.

Et puis, sans qu'on comprenne bien pourquoi, à force de prendre de la bouteille, ta célèbre descente te mène peu à peu aux enfers. Pour retrouver ta bonne nature, tu te mets au verre… Mais trop d'ennuis d'ivresse. Quand tu réussis à te lever tôt, c'est uniquement pour apprécier le rosé du matin… Et quand à midi tu passes au blanc, c'est toujours avec ta trop grande sancérité.

Tu t'essaies au cinéma, et ta vie devient surtout un festival de canettes, tu deviens complètement à Kro. Mais que celui qui n'y a jamais touché te lance la première bière.

L'année dernière est celle de ton grand comeback, tu nous assures que mais oui mais oui, l'alcool est fini… T'as jeté toutes tes bouteilles à la mer, tu dis que l'anar est sauf. Tu chantes « Toujours debout », les mauvaises langues disent que tu titubes et ça devient pourtant un grand tube… Une fois de plus, la France entière va acheter ton disque.

Alors, Renaud, es-tu le symbole de notre époque qui a la gueule de bois ? Habituée aux grands excès, aux grands écarts. Tu as voté Mitterrand en 1981, et Sarko en 2007… Et en 2017, la gauche semble définitivement enterrée six pieds sous terre… Et toi tu lances encore : Laisse béton !

Renaud qui râle, Renaud qui aime, Renaud qui noie son chagrin dans l'alcool… T'es pas près d'avoir le prix Renaud d'eau.

Tes rengaines sont rentrées depuis toutes ces années dans nos foyers et te donnent un petit air de famille… Et ta gentillesse et ton souci des petites gens devraient te faire carrément rentrer au patrimoine de l'humanité.

Tendrement,
Michaël

Saint-Valentin

Chère Saint-Valentin,
Cher… ubin,
Cher… ie je t'aime, chérie je t'adore,

Oui, chère Saint-Valentin,

Si je t'écris aujourd'hui, chère Saint-Valentin, c'est pour te dire qu'à force de nous mettre la pression, tu vas vraiment finir par tous nous gonfler.

D'abord, pour peu qu'on soit en couple, tout ça parce qu'on est le 14 février, soudainement, faut pas se louper, faut pas oublier d'être galant, faut pas rater le dîner… Bref, gare au moindre faut pas !

Quant à cette obligation de se faire des cadeaux pour prouver qu'on s'aime : faire des achats de fleurs, des achats de lingerie, des achats de bijoux, mais c'est de l'achat… rnement !

Car c'est pas parce qu'on a envie de roucouler qu'on doit forcément nous prendre pour des pigeons.

> ***Cupidon :***
> *Moi c'est bien simple, à force de fêter la Saint-Valentin j'ai plus un flèche !*
> *J'espérais bien finir la soirée les bourses vides, mais je pensais pas vraiment à celles-là…*

Et le problème de cette fête c'est qu'on n'a pas le choix, c'est devenu une obligation conjugale, la Saint-Valentin, c'est dans le contraint de mariage !

Alors on joue tous le jeu… Les hommes essaient de se faire pardonner une année d'amour à la carte, en jouant le temps d'une soirée la carte de l'amour ! Et les femmes rêvent d'un moment d'intimité, de discussion sur leurs rêves, leur couple, bref, qu'on s'occupe enfin un peu de leurs unions.

Et on finit par succomber à l'appel des sirènes, autour d'un dîner aux chants d'elles. On allume des bougies pour se déclarer sa flamme, mais c'est souvent qu'un feu d'artifice, qui peut finir en bouquet final… ou en pétard mouillé.

> **Cupidon (dans l'obscurité) :**
> *On dit toujours, quand on aime, on ne compte pas… Mais moi, j'ai même plus de quoi payer le courant… C'est pour ça que je suis toujours obligé de dîner à la bougie !*

Et puis la Saint-Valentin, c'est surtout le cauchemar pour tous ceux qui sont sans Valentin, ou sans Valentine. Comme si cette fête voulait mettre tous les célib' à terre. Parce que, s'il n'y a pas de fête pour les gens seuls, ça peut laisser croire qu'être seul, c'est pas la fête…

On se lance dans la course aux rencontres de dernière minute, tout le monde fonce sur Internet avec beaucoup d'application ! Mais c'est souvent sur ces sites qu'on se rend compte qu'il ne faut pas confondre vitesse et précipitation et qu'en amour comme ailleurs, l'urgent ne fait pas le bonheur.

> **Cupidon :**
> *Alors je voudrais lancer une collecte… Le Cupithon : pour que tous ceux qui ont un portefeuille à la place du cœur puissent m'envoyer tout leur amour… en chèque ou en espèces !*

Saint-Valentin

Finalement pour la Saint-Valentin, il y a d'un côté ceux qui ne la fêtent pas, qui sont quasiment pris pour des lépreux, et de l'autre ceux qui la célèbrent, à qui ça coûte un bras !

> ***Cupidon :***
> *Lèpre ou ne pas Lèpre, telle est la question !*

Alors, arrête un peu, chère Saint-Valentin, tout ce harcèlement commercial ! Parce qu'à force de s'offrir des cadeaux, on oublie un peu trop qu'avec ceux qu'on aime, c'est surtout l'attention qui compte.

Tendrement,
Michaël

Monsanto

Cher Monsanto,
Cher… cueil,
Cher… éal killer,

Oui, cher Monsanto,

Si je t'écris, aujourd'hui, cher Monsanto, c'est parce que tu n'as pas compris que je ne voulais plus de toi. Je vois bien tes petites manigances, tu laisses des traces de toi partout : dans mes produits ménagers, dans mes yaourts, et même dans mes chewing-gums !

Je vais donc tirer un trait définitif sur notre histoire, et te rendre tous les cadeaux et souvenirs que tu m'as laissés depuis tout ce temps.

À commencer par l'agent Orange[1] que tu m'as rapporté de ton voyage au Viêtnam ! Et aussi les PCB[2] que tu m'as offerts en rentrant des États-Unis, et dont tu m'as dit, non sans ironie : « Là-bas, ça fait un malheur. » Et enfin, le Roundup[3] que tu m'offrais chaque année pour mon anniversaire !

Je ne suis pas près d'oublier ce jour où tu m'as lancé : « Même si ce désherbant détruit tout sur son passage, c'est pas grave, le foin justifie les moyens. On s'en fout si l'herbe, elle-même, attrape le cancer tant que ça finit en foin intensif. Et si les vaches en mangent, ça reste un bétail sans importance ! »

Sauf que ton Roundup, il est tellement toxique que quelques gouttes suffiraient à transformer Robert Plant en Plastic Bertrand !

Je sais que tu n'as pas supporté notre rupture et je vois bien, depuis plusieurs années, que tu

---

1. Un des herbicides arc-en-ciel épandu par l'armée américaine lors de la guerre du Viêtnam, produit notamment par Monsanto.

2. Polychlorobiphényles, produit toxique présent dans les herbicides Monsanto jusque dans les années 1970.

3. Herbicide star de Monsanto.

essaies de me convaincre que tout cela c'est pour notre bien ! Tu prétends qu'en réalité tu ne fais que venir en aide aux pauvres agriculteurs, que toi et tes amis, vous êtes les moissons du cœur, et que tes gros pesticides ne sont tout au plus que des petits poisons d'eau douce !

Mais en vérité c'est pour mieux cacher ton jeu ! Car je subodore que tu es le parrain d'une grande mafia céréalière, la Colza Nostra. Une organisation très bien implantée, qui, si j'ai bien compris, en fournissant le poison et l'antidote, ne cesse de s'enrichir.

Et j'y vois plus clair maintenant ! Tes arguments sur la qualité de tes semences, foutaises ! La nature tu t'en friches complètement !

Car le miracle de tes OGM c'est surtout qu'avec une seule graine de maïs tu arrives à faire autant de blé.

Ton agrochimie passe avant tout, et tu passes tes jours et tes nuits dans ton labo minable. Tu trouves ça marrant la fabrication d'OGM, parce que c'est un peu comme faire du tuning mais sur des graines… Sauf qu'avec ces graines tunées, tu meurs.

Alors à partir d'aujourd'hui, je ne veux plus entendre parler de toi. Je n'achèterai plus tes produits : j'arrête d'enrichir Monsanto en ruinant ma santé ! Parce que ton entreprise d'engrais, elle me donne vraiment envie de germer !

Et cette dette écologique que tu nous laisses, on va devoir la payer en nature. Peu importe, on repartira de très bas mais on finira bien par remonter la plante. Parce que s'il y a une chose que je sais, c'est que la raison du plus flore est toujours la meilleure !

Tendrement,
Michaël

Brice de Nice[1]

Cher Brice de Nice,
Cher… viette de plage,
Cher… homme antimorosité,

Oui, cher Brice de Nice,

Si je t'écris aujourd'hui, cher Brice de Nice, c'est parce que je crois que tu peux sauver notre pays, et le sortir du creux de la vague. Oui, toi l'homme de la mer, il faut que tu rentres en campagne… mais en campagne présidentielle.

Toi seul peux redonner un sourire ultrabright à tout un pays. Certains ont aboli la peine de mort, tu instaureras la joie de vivre ! Car déjà, rien que de voir ta tête, Brice, c'est blond pour le moral. Et pour réenchanter tout un peuple, rien de tel que d'avoir un heureux élu.

1. Lettre écrite à la sortie de *Brice 3* en octobre 2016.

Brice de Nice, recoiffant sa mèche :
Moi Président, cheveux donc je peux !
Moi Président, je relèverai la frange d'en bas !
Moi Président, je relancerai le mouvement en supprimant l'arrêt… au milieu !

Tu serais un rayon de soleil dans ce paysage politique sinistré, un Président rafraîchissant qui répandrait autour de lui une Brice légère. Ça nous changerait de l'actuel parce que lui, dès qu'il met un pied dehors, le temps se couvre, les orages éclatent et même les insultes pleuvent.

Et puis, avec toi dans un débat face à Marine Le Pen et à Sarkozy, ce sera le Blond, la Brute et le Truand. Je t'imagine déjà torpiller Petit Navire et doucher l'Affront national, en brisant la vague bleue Marine.

Parce que nous, Brice, on a tous envie de retrouver une France jaune et jolie.

Brice de Nice :
Voici la liste de mon équipe gouvernementale : Igor d'Hossegor, Damien d'Amiens, Dorian d'Orient, et Dominique… de Munich !

Et enfin les gens ont confiance en toi car quand on a passé sa vie sur l'eau, on ne fait pas de promesses en l'air. Quand un surfeur dit vague, tout le monde se jette à l'eau. Et pour qu'un homme politique gagne une élection, il faut simplement que les gens l'aient crustacés.

Alors s'il te plaît, mon cher Brice, lance-toi, parce que les hommes politiques actuels, on n'en a vraiment plus… cassé !

Tendrement,
Michaël

Les Cagnottes

Chère Cagnotte,
Cher… ité bien ordonnée,
Cher… né de toute part,

Oui, chère Cagnotte,

Si je t'écris aujourd'hui, chère Cagnotte, c'est que depuis quelques années, à chaque anniversaire ou pot de départ, je reçois des liens Internet pour m'inviter à faire une donation… Et moi dans ces cas, j'ai vraiment l'impression de ne pas avoir d'obole !

Alors je sais bien, il ne faut pas toujours remettre au futur le moment de faire un présent, mais là, je me sens soudain très obligé de faire monter l'impôt commun, parce qu'on n'arrête pas de me dire que, comme aux jeux Olympiques, l'important, c'est de participer.

Enfin, ce n'est pas en offrant de l'argent qu'on recevra une médaille, et ce n'est pas parce que les donneurs sont légion qu'on leur donnera la Légion d'honneur…

Ça devient du harcèlement en bande organisée. On reçoit un mail par jour pour nous assurer qu'en somme, on va forcément finir par faire des euros.

Bref, je sais pas qui mène la quête, mais moi, cette charité bien or-donnée, je la trouve pas très catholique. Car face à cette avalanche de sites pour récolter des dons, j'ai comme l'impression qu'on m'emmène à une balade en racket… Et comme un membre du cercle intime, on veut que je fasse partie des rangs d'honneur.

> ***François (j'ai trouvé le) Filon :***
> *Alors moi je trouve ça vraiment formidable les cagnottes… À l'automne dernier, j'en ai lancé une à 2 euros, auprès de tous les Français. On a récolté 9 millions ! Et c'était même pas mon anniversaire !*
> *En plus, j'ai réussi à les faire transférer sur le compte de mon propre parti. Du coup on se demande bien ce qu'on va pouvoir s'acheter avec Pénélope…*

En outre, j'ai remarqué que sur ce genre de sites, certains font exprès d'indiquer le montant qu'ils versent. Est-ce une manière de s'attirer une bonne note, ou de vous coller la fiche… ?

Alors que d'autres plus discrets préfèrent les oboles masquées… ohé, ohé !

Dans un cas comme dans l'autre tout est fait pour nous forcer la main. Comme dans la mafia, chacun à son tour… Un parrain, quoi !

Parce que finalement, devoir donner cinquante balles pour l'apéro de départ d'un collègue détestable, qu'on connaît à peine, avouons que c'est un peu pot de vache…

> ***François (j'ai trouvé le) Filon :***
> *Et j'en profite d'ailleurs pour demander aux Français de bien se serrer la ceinture… Et de m'aider à m'en racheter une… Assortie à mon costume. Ça m'évitera de prendre de nouvelles déculottées. Allez, s'il vous plaît, un petit geste !*

Alors bien sûr vous me prenez pour un radin en me voyant un peu grincer des dons mais je n'aime pas tous ces quêtes-apens.

C'est comme sur les listes de mariage, les prix des cadeaux à cocher sont parfois tellement élevés que ça ressemble à une vraie chèque liste… Quand ce n'est pas carrément du list fucking !

Pour les heureux élus, avant même de s'être dit oui, c'est déjà des noces d'argent… Pour les invités ça donne l'impression de devoir signer une reconnaissance de dot !

Et c'est pareil pour les naissances… Moi les cadeaux type grenouillères, serviettes, peignoirs… ça me donne envie de jeter le bébé avec le lot du bain.

> ***François (j'ai trouvé le) Filon :***
> *J'ai encore une belle proposition à faire aux Français ! Pour le mois de mai, je lance une autre cagnotte… Si je gagne, eh bien je promets solennellement de boire à votre santé messieurs dames… Et puis si je perds, avec ce qu'on aura amassé, Pénélope ne sera même plus obligée de faire semblant de travailler ! Elle est pas belle la vie ?*

Alors pour éviter que toute cette histoire devienne le cadeau de mes soucis, chère Cagnotte, j'ai décidé de te boycotter. Désormais, j'irai acheter mes présents moi-même et je les remettrai en mains propres. Car pour qu'un cadeau soit touchant, il faut sans doute l'avoir touché. Avoir pris le temps de le choisir plutôt que d'avoir juste choisi son prix.

Adieu, chères Cagnottes, car le paradoxe quand on aime quelqu'un, c'est que pour faire les choses amitiés, il faut les faire totalement.

Tendrement,
Michaël

PS : ***François (j'ai trouvé le) Filon :***
Je compte sur vous, pour les virements sur Internet, ça nous permettra d'aller nous faire dorer la pilule avec Pénélope pendant que toi tu paies pâle !

Didier Deschamps

Cher Didier Deschamps,
Cher… emy Mathieu,
Cher… ge Aurier,

Non, cher Didier Deschamps,

Si je vous écris aujourd'hui, en cette veille de Championnat d'Europe de football, cher Didier, c'est afin de vous apporter mon soutien le plus total.

D'abord parce que vous traiter de raciste, cher Didier, franchement, c'est un Deschamps ! D'ailleurs, si vous étiez vraiment raciste, vous auriez crié au vol en apprenant qu'on jouerait en match de poule contre les Roumains !

Et puis je crois aussi qu'en cette veille d'Euro, on a besoin d'amour, de soutien, et ce qu'importe le résultat du match… Oui, même si, comme les Brésiliens, on se prend 6-1, ce qui est un score de tennis… Ou qu'on se fait tuer 12-0, ce qui est un score billard… Finalement, y a pas de raison qu'on aime les gens uniquement lorsqu'ils réussissent : être supporter, c'est communier lors des belles victoires et aussi se réunir dans les sales défaites. Même si être un fan libéré, tu sais, c'est pas si facile.

C'est pourquoi, cher coach, je pense que pour vous montrer notre enthousiasme et notre soutien à toute l'équipe de France nous devrions dès aujourd'hui vous dédier des chants : des chants de joie, et de liesse, des chants de la montagne à cheval et des chants Élysées. Bref, tout l'inverse de ceux que récemment Éric entonna.

Et c'est vrai que lorsqu'on voit Matuidi jouer on a envie de fredonner :

« ♪♪ *Il va,*
il va et il vient,
au milieu de terrain,
et ça nous fait du bien ! ♪♪ »

Il faut toujours célébrer une bonne partie de Blaise…

Et enfin je tiens aussi à vous exprimer toute ma solidarité, parce que vous avez sur vos épaules une pression totalement démesurée… C'est quand même un peu absurde de considérer nos footballeurs comme des sauveurs en quelques shorts. Si le pays a le moral dans les chaussettes, y a quand même peu de chance que ça se résolve à coups de crampons.

Mais réjouissons-nous tout de même de l'arrivée de cet Euro événement !

Et n'oublions pas, comme vous le dites si bien, que l'enjeu ne doit pas prendre le pas sur le jeu… Car, oui, tout ça ce n'est quand même qu'un jeu, l'occasion de penser collectif et sortir du moi jeu.

Alors, à partir de là tous les espoirs sont permis :

« ♪♪ Allons, enfants de la partie, le jour d'y croire est arrivé… ♪♪ »

Tendrement,
Michaël

Miss France

Chère Miss France
Cher… enissime,
Cher… tête en diamant,

Oui, chère Miss France,

Si je t'écris aujourd'hui, chère Miss France, c'est pour faire le point sur notre relation.
Je sais qu'on ne se voit qu'une fois par an, et je vois bien qu'en ce moment tu fais tout pour que tout le monde te regarde.

Alors évidemment on va se mettre devant notre télé, éteindre notre cerveau, débrancher nos neurones en se disant qu'il n'y a rien de mieux que de laisser les miss faire…

Bitchette Jones (mangeant du pop-corn face à son poste de TV) :
Miss Auvergne, trop petite.

Miss Poitou, trop grande.
Miss Tahiti, trop picale.
Miss Périgord, trop glodyte.
Miss Nord-Pas-de-Calais, trop… tskyste !

Et petit à petit ce concours, qui devait célébrer la beauté de manière romantique, dégénère en jeux du cirque de la Rome antique. On guette le moindre faux pas et la moindre de leurs inepties, parce que c'est tellement rassurant que la belle soit aussi la bête.

Bitchette Jones :
« J'ai 21 ans et je fais des études… » Ouais bah dis-le que t'es en 3ᵉ !
Allez 50 points pour l'esthéticienne et shampoing pour la coiffeuse !

La soirée Miss France évolue peu à peu en soirée Miss… érable et Miss… ogyne parce qu'en regardant ces femmes défiler comme du bétail, on se transforme fatalement en peau de vache ou en gros porc !

Bitchette Jones :
Alors là c'est Miss Faux-Nez à côté de Miss Faux-Seins, le tout présenté par le célèbre Jean-Pierre Faux-Cul !

Et tant que ces candidates rentrent dans ce canon de beauté unique, peu importe qu'elles soient considérées comme des bombes… ou des boulets ! La guerre du beau nécessite des kilos de poudre aux yeux et des tonnes de chair à canon.

> ***Bitchette Jones :***
> *Bah si celle-là devient première dauphine, ça sera un vent d'espoir pour tous les cachalots de France !*

Cette soirée, ne pourrait-on pas plutôt la consacrer à des femmes qu'on valoriserait pour leur talent plutôt que pour leurs talons ? Qu'on mettrait en avant sans montrer leur derrière ?

Car ce concours de beauté, je me demande s'il ne finit pas surtout par révéler notre laideur. Et moi, à la fin de la soirée, un peu comme la lauréate de l'élection, mais pas pour les mêmes raisons, tout ça me donne terriblement envie de pleurer !

Tendrement,
Michaël

Donald Trump 2[1]

Cher Donald Trump,
Cher… if fais-moi peur,
Cher… de poule,

Oui, cher Donald Trump,

Si je t'écris aujourd'hui, cher Donald, c'est parce que depuis ma dernière Lettre, à laquelle tu n'as pas répondu, tu es devenu le président des États – pas vraiment – Unis d'Amérique.

Toi qui n'as peur de rien ni de personne, toi le Grand Ricain blanc, tu as réussi à fédérer autour de toi tes compatriotes les plus énervés, les Ricains marteaux… de manière frappante, non sans vices ni clous tordus.

1. Lettre écrite le jour de son investiture, le 20 janvier 2017.

Donald (avec l'accent américain) :
*C'est bientôt mon investiture et je n'ai personne pour chanter à la cérémonie. Elton John m'a dit F***, Justin Timberlake m'a dit F*** et Céline Dion m'a dit… Va te faire cuire le cul maudit tabarnak !*

Toi qui dénonçais le copinage à Washington, tu t'es empressé de nommer dans ton gouvernement ta famille et tes amis : tes amis… litaires mais surtout tes amis… liardaires. Quel sens du partage, puisque les 17 membres de ton cabinet sont aussi riches que les 109 millions d'Américains les plus pauvres !

En même temps, dans ce pays où accumuler les billets, on ne s'en liasse jamais, pas étonnant que des gens qui ont des tas de pognon, des tas de voitures et des tas de buildings finissent… chefs d'État !

Donald :
Je cherche des gens qui ont de l'expérience dans les soirées d'investiture et qui ne sont pas très regardants… Vous ne savez pas si Faudel ou Mireille Mathieu sont disponibles ?

Et quelle riche idée as-tu eue de nommer le P-DG d'Exxon Mobile comme secrétaire d'État, et un climato-sceptique comme directeur de l'Agence de protection de l'environnement ! Au moins, sous ton mandat, le lobby pétrolier et autres amateurs de fioule sentimentale auront la vie fossile !

Je comprends, on ne peut pas faire plaisir à tout le monde, et comme disent les pollueurs : le bonheur des uns fait le mauvais air des autres…

Donald :
Ou alors Casimir ? Nous sommes de la même espèce !!

Ça c'est sûr qu'en ce moment aux États-Unis, il y a de l'orange dans l'air. Car tandis que tes électeurs exultent, les femmes s'alarment, les Noirs s'inquiètent et même les His… paniquent.

Alors, Mister Président, puisque c'est comme ça qu'il faut désormais t'appeler, puisse ton mandat ne pas se faire pour quelques-uns dans les dollars et pour tous les autres dans la douleur. Car tu sais, Donald, on peut Trumper mille fois une personne, mais on ne peut pas Trumper mille fois 320 millions de personnes…

Tendrement,
Michaël

Jacquie & Michel

Chers Jacquie & Michel,
Cher… vice trois pièces,
Cher… vante en soubrette,

Oui, chers Jacquie & Michel,

Si je vous écris aujourd'hui, chers Jacquie & Michel, c'est afin de vous dire merci moi aussi !

Merci, tout d'abord, parce que avant le porno, c'était un monde irréel : des corps de rêve dans des corps de rêve… dans des décors de rêve ! Avec vous, tout cela paraît beaucoup plus normal et bien plus accessible.

Et c'est décomplexant de se dire que susciter le désir et inspirer les fantasmes n'est pas uniquement le lot des femmes parfaites mais aussi et surtout des femmes pas refaites… Qu'il n'est pas besoin de silicone pour attirer l'attention et attiser la tension.

> *Jean-Pierre Pornaut :*
> *Mesdames et messieurs, bonjour, nous démarrons cette édition avec un reportage au cœur de la France, nous avons décidé de suivre Josiane, une charmante boulangère de Laval, qui rêvait depuis longtemps de découvrir les joies du gang b…*

Oui voilà, vous avez créé le porno réaliste. Je dis réaliste et pas authentique, parce que adhérer totalement à vos films de boules et à vos séquences hot, ce serait un peu croire au Pornoël. Car souvent Josiane pointe au chômage ou touche le RSA… Et si elle met de côté son ego, en faisant ces vidéos, c'est parce qu'elle a beaucoup de mal à finir le mois.

Alors disons que vous faites autant de la porno fiction que du film de cul menteur…

> *Jean-Pierre Pornaut :*
> *Au temps pour nous, désolé pour cette petite erreur, c'est ce qu'on appelle dans le jargon une nympho qui nous avait échappé…*

Mais ce pour quoi on peut vraiment vous être reconnaissant, c'est d'avoir replacé la gratitude au cœur des relations sexuelles grâce à votre fameux slogan : « Merci Jacquie & Michel ».

C'est vrai, c'est formidable quand on partage un moment de plaisir avec quelqu'un de se remercier l'un l'autre. C'est pas parce qu'on apprécie les trucs un peu cochons qu'on est obligés de se comporter ensuite comme des porcs. Et c'est beau de voir dans vos films ces femmes dire merci et ces hommes dire… ah oui, les hommes, eux, ne disent pas merci !

Du coup, dans vos films, on a toujours un peu l'impression de voir des femmes mal loties comblées par des hommes malpolis.

Après on va finir par penser que plus handicapés que les malvoyants et les malentendants, il y a les mâles dominants.

En plus, j'ai vu vos acteurs, c'est des mecs gaillards et généreux, ils sont capables d'exprimer leur gratitude, je veux dire… Acteur vaillant rien d'impossible.

Alors, sincèrement, ils pourraient être reconnaissants de coucher avec des femmes qui risquent après… d'être reconnues… qui pendant la vidéo n'étaient pas forcément des femmes contraintes mais après le tournage seront certainement des femmes qu'on traite.

Jean-Pierre Pornaut :
Finalement la vidéo de Josiane, c'est plusieurs millions de vues et des internautes… très touchés.

Alors, chers Jacquie & Michel, je vous dis merci, mais je vous le dirai encore plus le jour où vos acteurs le diront eux aussi.

Tendrement,
Michaël

PS : ***Jean-Pierre Pornaut :***
Et demain nous fêterons les Jacquie & Michel, la lune sera parfaitement visible depuis vos écrans, et si vous regardez bien vous apercevez peut-être même Uranus !

La Croissance

Chère Croissance,
Cher… cle vicieux,
Cher… pent qui se mord la queue,

Oui, chère Croissance,

Si je t'écris aujourd'hui, chère Croissance, c'est parce que j'en ai marre qu'on te coure toujours après et qu'on te prenne pour une star !

Je ne sais pas qui est le type qui a fait de toi ce que tu es devenue, mais c'est vraiment un pervers.

> ***Marquis de La Faillite :***
> *Madame Croissance, si vous cherchez un imprésario, j'ai un grand projet pour vous. Grâce à moi, on ne parlera plus que de vous et vous serez la plus désirée au monde.*

Et depuis ce jour, même le bien-être social d'un pays se mesure à l'aune de son PIB… À l'aune nan mais à l'aune quoi !!

Et si par malheur madame Croissance est un peu moins bien élevée cette année que l'année précédente c'est un véritable affront. On nous parle même de drame national… et à force de nous y faire croire dur comme fer, on se retrouve pris dans l'étau de croissance.

Seulement, plus on garde le nez dans les chiffres, plus on a peur de son nombre.

> ***Marquis de La Faillite :***
> *Chateaubriand disait : « L'amour décroît quand il cesse de croître. » Eh bien économiquement, on va faire pareil avec ceux qui ne veulent pas de la Croissance, on va dire qu'ils vivent… dans la dépression.*

On nous répète sans arrêt que c'est beau d'accomplir toujours plus, c'est beau de gagner toujours plus, c'est beau d'acheter toujours plus… et voilà que la Croissance agit sur nous comme un effet plucebo.

Mais en réalité, chère Croissance, tu es l'héroïne de notre époque ! On te prend pour une sauveuse alors que t'es une putain de drogue dure.

On est tous certains d'avoir besoin de notre dose de croissance pour aller bien. On le vit comme de la légitime défonce ! Tous les hommes politiques courent derrière la moindre valeur à shooter et se droguent au crack 40.

Notre manière de vivre, c'est toi qui la dictes, et on en est tous accros.

Mon sentiment, c'est qu'on a besoin d'une bonne cure de désintox, qu'on se rende compte que tu n'es pas notre but ultime dans la vie… Parce qu'à force de vouloir toujours plus, on finira par payer très cher l'addiction.

Alors tentons dès aujourd'hui de décrocher de la Croissance !

Ainsi, dans quelques années, on pourra dire qu'un jour on a décidé d'arrêter de jurer sur la dette de nos enfants parce qu'on aura réalisé que le monde idéal c'est pas celui dans lequel on produit beaucoup de biens, mais celui dans lequel on se sent chaque jour un peu mieux.

Tendrement,
Michaël

La Haine

(Lettre écrite au lendemain des élections présidentielles françaises simultanées à l'édition des œuvres de Georges Perec dans La Pléiade)

Chère Haine,
Cher… cle vicieux,
Cher… émiade,

Oui, chère Haine,

Si je vous écris aujourd'hui, chère Fureur, c'est parce qu'à l'issue de ce suffrage historique, et surtout hystérique, avec tous ces programmes réglés pour raviver les colères les plus sombres, vous m'avez lessivé !

Alors je vais tâcher, en rendant hommage au merveilleux Georges Perec, qui faisait parfois disparaître les « E » lorsqu'il écrivait, d'éradiquer de cette lettre toute trace de « N ».

Cette missive téléguidée est certifiée... avec pas du tout de... la 14e lettre de l'alphabet !!

Et croyez-moi c'était pas simple ces jours-ci, chère... Furie, de s'exprimer et d'éviter d'être pris à votre piège !

C'était si régulier, si habituel, de voir celui-ci ou celle-là exploiter le désarroi pour se rêver déjà roi, accroître les amertumes et jouer les souffre-dealers.

À la course aux voix tout semblait permis, y compris simplifier les débats à l'extrême pour attirer les égarés, les apeurés et rassembler aussi quelques idiolâtres.

> ***Mari-e Le Pe- :***
> *Le problème, monsieur David Pugila, c'est qu'avec une lettre en moins vous m'ôtez les maux de la bouche. Sans « N », impossible de dire frontières, musulman, étranger, attentat... Sans « N » impossible même de dire : « On est chez nous ! »*

Comme si le mot d'ordre, désormais, c'était haïr, toujours haïr... Et à y regarder de plus près, pour que ça puisse marcher, il fallait trouver le bouc émissaire idéal : assez flou pour être rassembleur, assez vicieux pour être imparable… Le Système.

C'est curieux tout de même, jadis, tout homme l'aimait, l'admirait, voulait s'y faire sa place : c'était l'époque du Magic System… Mais aujourd'hui, ça tape pas sur les djembés, ça tape sur le système.

> ***Fra-çois Fillo- :***
> *Mais sans « N », madame Ruth El Grief, impossible de dire Sauvons Pénélope, Persécution Journalistique, Sens Commun… Sans « N », impossible même de dire comme certains de mes sympathisants : « La presse, la presse on l'enc*** ! »*

Et après tout pourquoi s'arrêter à ce deuxième tour, alors que le troisième se profile déjà ? Il reste à élire 577 députés pour dix mille fois plus de dépités…

Et puisque le temps est aux rageux, il faut semer toujours plus d'acidité, pour récolter les fruits de cette aigri-culture.

Jea-Luc Méle-cho- :
Mais sans « N », monsieur Laurent DeLa-Frousse, impossible de dire La Finance est notre ennemie, Pendons les Patrons, À bas la mondialisation… Sans « N » je n'aurais même pas pu dire lors d'un de mes meetings à l'un de mes insoumis : « Si tu es un militant tu es discipliné » !

Au bout du compte, si cette lettre de perdue, c'était beaucoup d'autres de retrouvées ?

Car vous écarter du débat, cher Fiel, c'est aussi s'offrir cet « R » salvateur, cette goutte d'« O », et ces « Z » sociales accordées à tous les « C » pour compte.

Alors bien sûr, rêver d'être tous d'accord est illusoire, mais de là à tous se détester…

Parce que après s'être tous divisés qui paiera la fracture ?

Aussi voyez-vous, ma chère, au lieu de toujours me laisser râler, je préfère ravaler mes maux et cette fois me passer de vous. Ça me permettra plus que jamais de dire « espoir », « courage » et même « lumière ».

Tendrement,
Michaël

PS : Remarque pour plus tard : Élire parfois, et lire beaucoup ! Surtout Georges Perec !

Le Service militaire

Cher Président,
Cher… ontocrates,
Cher… gens majors,

Oui, cher Président,

Cher Président, si je vous écris cette lettre que vous lirez peut-être, c'est au sujet de ce cher Vice militaire, et au nom de cette chère à Canon, puisque trop fréquemment revient cette polémique du retour du service militaire.

Alors comme disait très récemment à propos de ce débat le célèbre général Bol : j'en ai ras le bol de ce débat !

Car dans le pays des droits de l'homme qui s'est mué en marchand d'illusions mais surtout en vendeur de Mirages, on se demande de manière récurrente si le service militaire ne serait pas la bonne solution pour éduquer les jeunes.

Mais avant que cette génération à qui l'on voudrait à nouveau faire porter l'uniforme ne se sente complètement treillis, interrogeons-nous sur la nécessité qu'un mouflet doive se camoufler pour devenir un homme meilleur.

Oui, c'est avec ce genre de raisonnement spécieux qu'on passe effectivement du coq à l'arme.

Car, si le seul avenir qu'on est capables de proposer à la jeunesse est de lui apprendre à faire la guerre, je vous propose instamment qu'on commence d'abord par lui foutre la paix !

À quoi bon imposer une crise de l'arme à une génération qui souffre d'une crise de foi ? Quand la crise devient un thème, cher Président, on n'est jamais loin des chrysanthèmes.

Dans le cas où vous ne seriez pas convaincu par ces arguments, je vous demande d'ores et déjà de bien vouloir me réformer.

D'abord, comme bon nombre d'hommes politiques, je confonds ma gauche et ma droite.

Lettre ou ne pas Lettre

Devant une urne, c'est un peu le cas de tout le monde, mais derrière une arme c'est plus rare et surtout beaucoup plus ennuyeux.

Et puis, physiquement, je ne me sens pas du tout d'attaque. J'ai les pieds palmés, les yeux plus gros que le ventre, et je ne suis pas à l'abri d'un cou tordu.

Alors, cher Président, prendre les sans-dents pour des cons, n'est-ce pas un peu condescendant ?

La jeunesse n'a pas besoin d'apprendre à manier une arme, ni même à se lever à 5 heures du matin pour saisir son essence et prendre du galon. Et à ceux qui pensent encore que le monde appartient à ceux qui se lèvent tôt, je leur réponds qu'il appartient surtout à ceux qui mourront tard !

Tendrement,
Michaël

Les Mamans

Chères Mamans,
Cher… émonie d'hommage,
Cher… moi fort dans tes bras,

Oui, chères Mamans,

Si je vous écris aujourd'hui, chères Mamans, c'est parce que c'est bientôt la fête des Mères. Alors retraçons, en guise d'hommage aux mères, votre Odyssée !

Et commençons par dire que sans nous, les enfants, vous ne seriez pas Mamans… et sans vous on ne serait pas du tout ! Parce que dans la vie, naître ou ne pas naître, telle est la question.

Alors d'abord, merci, chères Mamans, de nous avoir accueillis avec tant d'amour pendant neuf mois en passion complète, et de nous avoir accordé cette longue résidence du ventre.

Merci aussi d'avoir supporté que du fait de notre présence, votre corps de femme fœtale ait été obligé de dire hormones à tout, et merci enfin de vous être privées de la plupart des basiques instincts pour ne pas avoir plus tard à vous excuser pour les gènes occasionnés.

> *Pierre Belle-Mère :*
> *Eh bien justement, chers amis téléacheteurs, nous nous retrouvons pour une spéciale fête des Mères. Et nous commençons tout de suite par ce cadeau merveilleux, formidable, extraordinaire… le VERRE-BOUTEILLE, un verre qu'on insère directement sur la bouteille. Et ça, pour les femmes qui se sont privées d'alcool pendant neuf mois, c'est absolument formidable. Alors, chères téléacheteuses, avec ce VERRE-BOUTEILLE, vous qui êtes au bout du goulot, ça ne sera plus si dur, dur, d'être imbibées !*

Merci aussi de votre patience, chères Mamans, car ensuite, il y a eu la petite enfance, ce bas-âge obligé, où votre rôle s'est réduit à attendre que les langes passent. Les pleurs la nuit et le jour l'ennui… car depuis que l'enfant est né, il est mort le sommeil !

Oh, il y a eu tout de même de belles satisfactions : nos premiers pas, nos premiers repas, nos premiers j'en veux pas ! Et puis c'était aussi le temps heureux des comptines que vous nous chantiez. Et vous savez pour un enfant, les berceuses de sa maman, c'est aussi beau qu'un *Requiem* de Mother.

Pierre Belle-Mère :
Qui dit fête des Mères, chers amis téléacheteurs, dit aussi faites des gosses ! Et faites du ménage !
D'où ce cadeau absolument idéal, notre objet parfait du jour, merveilleux, formidable, extraordinaire… cet aspirateur cinq portes, double cylindre, fourni avec son air bag. Pour la modique somme de 9 994 euros !! Payable en huit fois sans frais, avec tout de même un peu de frais. Cet objet absolument idéal est fait pour toutes les ménagères et répondra à toutes leurs aspirations !

Très vite déjà arrive l'adolescence où souvent les enfants dégénèrent et même les parents vrillent. C'est l'âge ingrat où l'on pousse et où l'on vous repousse, l'âge de toutes les exclamations, de toutes les interrogations, de toutes ces colères que les ados expriment et que les parents taisent.

Et malgré tous les efforts faits pour cacher les peurs qu'on projette sur ses enfants, l'ado les sent.

Alors parfois, bien sûr, les pères dépassent leur rôle d'adjoint aux mères, mais il vous reste encore tant à gérer : penser tous les changements… changer tous les pansements…

Et à force de voir toutes les gouttes d'eau aller toujours à la mère, vous finissez par vous sentir débordée. Une vie de maman n'est jamais un long fleuve tranquille, puisqu'il faut toujours être au courant, ne jamais faire de vagues, ne jamais faire des flots, et le tout en restant cool !

> *Pierre Belle-Mère :*
> *Eh bien, chers amis téléacheteurs, nous vous proposons aussi ce cadeau merveilleux, formidable, extraordinaire… le masque et le tuba ! Pour toutes les mères de famille qui se sentent sous l'eau et qui mériteraient pour toute l'énergie dépensée au moins une bonne douzaine de palmes !*

Les Mamans

Enfin vient le temps où les enfants devenus adultes mettent les voiles, au risque de connaître un jour ou l'autre le mal de mère. Mais au fond d'eux, ils savent qu'ils pourront toujours compter sur leurs mamans dans les périodes difficiles. Car aux grands maux les grandes Reums[1] aident.

Profitons donc de ce jour de fête des Mamans, qui est en quelque sorte ton Noël Ma Mère, pour savourer les mamans présentes, et pour vous rendre un tout petit peu de l'affection que vous nous avez donnée.

Et en offrant un bouquet de fleurs à sa Reum, en lui disant qu'on l'aime, faisons preuve d'un peu de Reumantisme et souvenons-nous que l'effet mère, c'est pour l'éternité.

Tendrement,
Michaël

1. « Mères » en verlan.

Thomas Pesquet[1]

Cher Thomas Pesquet,
Cher… cheur de pointe,
Cher… cle polaire,

Oui, cher Thomas Pesquet,

Si je t'écris aujourd'hui, cher Thomas Pesquet, c'est pour te dire qu'il faut que tu reviennes ! Tes petites aventures extra… terrestres ont assez duré maintenant. Six mois à s'envoyer en l'air, c'est amplement suffisant ! Après tu vas passer du côté de ces hommes, astronautes ou non, dont on dit qu'ils sont obsédés par l'orbite.

Et ce serait dommage parce que jusque-là tu as été parfait ! Toi, notre envoyé spatial, inspirant et

1. Lettre écrite le 1er juin 2017, veille du retour de Thomas Pesquet sur Terre.

toujours simple, l'as des astres, tu as su garder les pieds sur Terre.

Igor & Grichka Bogdanov :
— Oui Thomas, c'est Igor.
— Je dirais même plus, Thomas, c'est Grichka.
— On sait que tu rentres bientôt de ton merveilleux voyage dans l'espace...
— Et on vient d'avoir une révélation d'ordre cosmique...
— Eh bien oui, Grishka, on n'a plus de botox...
— Eh oui, Igor, il n'y en a plus une goutte sur Terre...
— Alors Thomas, est-ce que tu pourrais nous rapporter un peu de kryptonite liquide ?

Et grâce à Twitter, tu es même devenu au fil de ta mission notre repère qui est aux cieux. Un cosmonaute qui partage ses sublimes photos de notre planète, ça doit être ça les tofs[1] d'un héros.

Et on peut vraiment te remercier de nous avoir chaque jour mis l'album au cœur. Te voir évoluer

1. « Photos » en verlan.

en apesanteur à bord de l'ISS, ça nous a même fait parfois oublier la gravité de notre monde.

> ***Igor & Grichka Bogdanov :***
> *— Et si jamais tu trouves aussi ce merveilleux sérum anti-âge…*
> *— Anti-rides…*
> *— Raffermissant !*
> *— Liftant !*
> *— Repulpant !*
> *— De la marque Big Bang…*
> *— On est preneurs !*

Tu nous as d'ailleurs envoyé tellement de rêve de là-haut qu'à présent tu pourrais nous faire glober tout ce que tu veux. Mais je t'avoue qu'en voyant la plupart de tes images magnifiques de la Terre, je ne peux pas m'empêcher de penser que ça cache quelque chose de planète… et même de planète du tout.

Tu es sûr que depuis l'espace on ne voit pas aussi que parfois la Terre ne tourne pas rond ?

À quoi bon fermer les cieux sur la pollution, la déforestation, la surexploitation ?

Igor & Grichka Bogdanov :
— Et si tu peux aussi récupérer le réacteur de ta fusée…
— C'est super pratique pour les brushings !!

On le sait, l'exploration spatiale, c'est un peu le concours de celui qui a la plus grosse conquête… Ne vaudrait-il pas mieux que cela permette pour une fois de prendre conscience qu'on est bien sur Terre plutôt que se demander où l'on pourra aller une fois qu'on l'aura détruite ?

Alors j'espère sincèrement qu'une fois rentré, cher Thomas, le récit de ton aventure ne sera pas qu'un discours par-dessus les pôles, et qu'il permettra aussi d'étoiler au grand jour toutes les bêtises que les hommes commettent.

Tendrement,
Michaël

PS : ***Igor & Grichka Bogdanov :***
— Thomas, on n'a jamais été dans l'espace mais on en a pris des capsules…
— Absolument, Grichka, et on ne savait pas toujours vraiment ce qu'il y avait dedans !

Le Bonheur

Cher Bonheur,
Cher… énité,
Cher… otonine,

Oui, cher Bonheur,

Si je t'écris aujourd'hui, cher Bonheur, c'est parce que ça fait beaucoup trop longtemps que tout le monde te cherche… À tel point que même nos plus illustres penseurs se posent la question :

« ♪♪ Il est où le bonheur, il est où ?? ♪♪ »

Bon… on a déjà un début de réponse… quand la chanson s'arrête on sent qu'on s'en rapproche un peu plus !

Seulement, cher Bonheur, tu fais la une des magazines, on parle de toi comme d'un trésor dans le journal, et tu finis même dans le journal de trésor. Manifestement te chercher est un vrai business mais je suggère de faire une pause dans cette trop longue partie de cash-cash.

À force de devenir une obsession planétaire, cette quête du bonheur, sur laquelle tout le monde écrit, nous mène doucement à la quête à strophe.

Parce qu'on est beaucoup trop nombreux à te chercher, sans savoir vraiment quoi chercher… Alors je propose de faire un petit tour dans les livres, car en prenant un peu d'auteurs, on y voit toujours plus clair.

> ***Voltaire White (brandissant des billets) :***
> *Tu cherches du bonheur, mec ?*
> *J'ai ce qu'il te faut, du bonheur palpable, des billets doux…*
> *Avec ça tu ne manqueras plus de rien. Tu vas te sentir libre. Plus t'en as et plus tu pèses !*

OK, pourquoi pas ! Ça part de l'idée pas idiote que le bonheur, c'est de combler ce qui nous manque, ce qui pour de vrai nous fait défaut. Et c'est vrai, l'argent permet de répondre à la plupart de nos besoins. Et pour certains même de gagner du crédit, bref d'avoir pognon sur rue…

Et puis quand on a beaucoup d'argent, ça donne envie de tout payer content ! Content mais pas forcément heureux... Car au final, il manquera toujours quelque chose, et même avoir plein de fric au bout d'un moment on s'en liasse. De quoi se pourrir l'envie, sans jamais la satisfaire...

> ***Voltaire White (une seringue à la main) :***
> *Ah je vois tu veux devenir un crack en bonheur ?*
> *Tu cherches quelque chose de puissant ? Du plus long terme ?*
> *J'ai ce qu'il te faut en stock !! Avec ça, tu vas te sentir plus léger... Un petit mélange maison : moitié grecque, moitié indienne. Tu ne ressentiras plus aucune souffrance.*
> *Ça se prend en intraveineuse, c'est la fameuse théorie d'Épicure !*

Notamment, et du stoïcisme, et du bouddhisme aussi ! Ici, le bonheur, c'est l'absence de souffrance.

En résumé, moins t'as de troubles moins tu risques de devenir complètement flou. Et pour éviter de souffrir, le mieux c'est de réduire ses désirs.

Cette vision du bonheur serait une sorte de *feel-good movie*, qu'on pourrait baptiser : Attrape moins si tu peux.

Une vie heureuse faite de plaisirs plus mesurés, on se prive un peu, pour se sentir mieux dans son ascète.

Alors évidemment, c'est mieux en pleine nature, parce que si tu cherches l'euphorie au cœur des villes, liesse béton !

> ***Voltaire White (montrant une pile de livres) :***
> *Ah mais si c'est l'extase que tu cherches, j'ai le truc qui va te faire décoller !! Là, je t'emmène au pays des Lumières. Pour retrouver un grain de folie, avec un petit coup de philo... Je te présente, Spinoza, c'est de la joie à l'état pur !*

Pour Spinoza, le bonheur c'est de cultiver la joie pour surmonter les peines de l'existence. Et cette joie, c'est ce qu'on ressent à chaque petite victoire quotidienne. Car même si l'aigreur est humaine, la loi de l'effort est toujours la meilleure.

Et en plus, la joie c'est contagieux ! Alors quand on nous dit que chaque jour en vaut la peine, disons-nous plutôt désormais qu'il en vaut surtout la joie.

Tendrement,
Michaël

Cyrano

Cher Cyrano de Bergerac,
Cher… né de toutes parts,
Cher… viteur de la langue française,

Oui, cher Cyrano de Bergerac,

Si je t'écris, cher Cyrano de Bergerac,
C'est que j'implore ton aide pour passer à l'attaque !
Une épée à la main, et les mots d'un oracle
Pour de notre société réformer le spectacle

Si seulement tu voyais tous ces petits marquis
Avec leurs beaux costumes et leurs souliers vernis
Promettre le bien commun pour n'enrichir qu'eux-mêmes
Dire le rassemblement, n'attiser que la haine

Pris la main dans le sac, ils clament leur innocence
Piétinant leur honneur, briguant la présidence
Ah, Cyrano, jusqu'où peut aller l'indécence
Notre monde, hélas, ne tourne plus dans le bon sens

Lettre ou ne pas Lettre

Je pense aux grandes valeurs des Cadets de Gascogne
Tout ce qui donne envie de se faire honnête homme
Qu'une parole bien donnée soit toujours bien tenue
Que le premier qui mente soit le premier vaincu

Et que celui qui vole à jamais soit chassé
Nous avons beaucoup trop de ces Gascons manqués
Et loin de nous enrichir de toutes nos différences,
D'envisager chaque jour comme une nouvelle chance
Les hommes se font petits, en chassant des mi-grands
En tremblant dans leurs lits, en cachant leur argent

Ah, Cyrano, reviens nous réciter des vers
De tes alexandrins, de ces douze pieds sous terre
Exhume le tombeau, redonne-leur de l'air
Et de cette verve ancienne viens nous croiser le fer

De tes vers correcteurs corrige nos défauts
De ce monde trop aveugle, et bien trop démago
Face aux nouveaux dévots, religion cathodique
Où règnent les incultes, où brillent les cyniques
Réapprends-nous le goût de se faire romantique
De voir en toute chose la dimension magique

Parle, mon bon monsieur, de ce supplément dame
Celle qui t'aura appris à jouer l'école des flammes
Parle-nous de Roxanne et chante sa peau lisse
Et puis persiste et saigne dans ton cœur de novice

Cyrano

Parle-nous d'une robe, l'amour de toute une vie
Quand on s'aime pour un soir, dans le monde d'aujourd'hui
Conte-nous ce qui demeure, ce qui traverse le temps
Nos plus fortes ardeurs, nos plus grands sentiments

Parle-nous en poète au temps des mécréants
Et fais-toi le prophète de l'émerveillement
Redonne-nous la candeur d'un petit nouveau nez
Toi qui l'avais si grand, si disproportionné

Il disait la mesure de ton inspiration
Il était ta torture, ton abomination
Devoir livrer chaque jour cette bataille nasale
C'est montrer une vaillance, un courage sans égal

Les beaux nez aujourd'hui, on les a sur la tête
Et la barbe naissante, on cherche les conquêtes
La moindre laideur, on la retouche, on la cache,
Toi tu les arborais avec tant de panache

Ta blessure pour autant n'était pas moins profonde
Et te fit renoncer aux faveurs d'une blonde
Mais jamais pour autant ton ardente passion
Déclina ou faiblit d'une quelconque façon,
Ta ligne de conduite, ta belle obstination
Quel meilleur modèle pour notre génération !

Lettre ou ne pas Lettre

Ah, Cyrano, vois-tu toute la technologie
Qui règne en despote dans le monde d'aujourd'hui ?
Est-ce donc une alliée, ou notre grande ennemie ?
Ne nous détourne-t-elle pas de toute poésie ?

Et de Dame Nature, dont tu louais les attraits
Nous abreuvons la terre de poisons bien mauvais
L'erreur est inhumaine, quand elle devient suicide
Mais reste-t-il encore des gens un peu lucides ?

Il faut lire beaucoup pour trouver la sagesse
On dit l'amour des livres, de toutes nos bassesses
Et de littérature passer à l'action
Même si c'est dérisoire, s'engager pour de bon

Ah, Cyrano, étoile qui brille dans la nuit
Tu nous éclaires encore, de tes mots de jadis
Et cette lettre de ce jour qu'humblement je t'écris
C'est juste pour t'adresser un éternel merci.

Tendrement,
Michaël

Le Futur

Cher Futur,
Cher… de poule,
Cher… cheurs de possibles,

Oui, cher Futur,

Si je t'écris aujourd'hui, cher Futur, c'est parce que plus les années passent et plus on t'imagine sombre et menaçant. C'est fou ce qu'on dépense comme énergie à se faire des films… catastrophes. Comme si on prenait plaisir à se persuader que bientôt la réalité dépassera l'affliction.

Alors pour certains cet avenir sera une catastrophe écologique… Et c'est tout à fait plausible si l'argent continue de régner en maître, et si les hommes s'obstinent à vouloir rester au centre du système salaire.

Seulement l'argent ne fait pas le bon air et il a même tendance à le raréfier. Car la surchauffe arrive plus vite qu'on le pense, et la société de consumation anéantit tout sur son passage.

Dans ce drôle de dessein à miner qui nous attend, on pourra ironiser en disant à nos enfants qu'on l'a connue, la Ruine des Neiges. Seulement, si on n'y met pas chacun un peu du nôtre pour faire baisser la température degré ou de force, alors pour notre globe on aura du souci à sphère.

Et il ne faudra pas regarder bien loin pour percevoir notre horizon funèbre.

D'autres redoutent plutôt une catastrophe technologique… Que les ordinateurs deviennent tout-puissants, et qu'on vive dans une sorte de geektature, où régneront les algorithmes, et on le sait, avec les chiffres c'est souvent tout un peuple qu'on mate.

Ceux qui sont convaincus qu'un robot, c'est beau la vie pour les grands et les petits, se fantasment des vies sentimentales virtuelles : tandis que les uns feront des implants à plusieurs et puce si affinités, les autres ne feront même plus la différence entre les aliens et les garçons.

Et sur nos petits et nos grands écrans, on regardera tous *Il était une fois en numérique*. Dans ce monde à science unique, l'homme ne sera plus le sujet, mais un simple complément d'objet, et je doute qu'en imaginant un réel composé uniquement de 0 et de 1, on parvienne longtemps à vivre ne serait-ce qu'à 2.

Alors bien sûr on peut continuer d'imaginer mille futurs possibles tous plus horribles les uns que les autres. On peut continuer à se tromper de combat, à vivre dans des illusions, mais un beau leurre n'arrive jamais seul. Car la frontière entre notre présent et toi, cher futur, n'est pas si nette. L'avenir se crée dans notre imaginaire avant de se réaliser. On devient ce qu'on rêve : l'Homme descend du songe.

En levant les yeux au ciel, certains ne voient que désastres, d'autres ont des étoiles plein les yeux.

Et moi, cher Futur, j'ai envie plus que jamais de croire en toi. Devant tous ces scenarii catastrophes, je n'y peux rien, mes pupilles font de la résistance.

Lettre ou ne pas Lettre

Je rêve d'un avenir où la parole ne sera pas à la défiance, où l'on gardera l'humain tendu vers l'autre, un avenir fait de compréhension et de bonne empathie bien sûr.

Alors les générations qui viennent, on ne les appellera plus nos descendants, ceux à qui il ne reste plus que des cendres, mais nos successeurs, ceux à qui on aura offert la possibilité de connaître le succès.

Évidemment, ce ne sont que des rêves… mais rêver c'est recoudre les plaies du présent avec des points de Futur.

Tendrement,
Michaël

Table

Imprimé en France par EPAC Technologies
N° d'impression : 4550414304120
Dépôt légal : octobre 2017